BESTACTIVITYBOOKS.COM

EERSTE EDITIE - Gepubliceerd in 2022

Extra grafisch materiaal van: www.freepik.com
Dank aan: Alekksall, Starline, Pch.vector, Rawpixel.com, Vectorpocket, Dgim-studio, Upklyak, Macrovector, Stockgiu, Pikisuperstar & Freepik.com Designers

5 TIPS OM TE BEGINNEN!

1) HOE OP TE LOSSEN

De Puzzels zijn in een Klassiek Formaat:

- Woorden worden verborgen zonder pauzes (geen spaties, streepjes, ...)
- Oriëntatie: Voorwaarts & Achterwaarts, Boven & Beneden of in Diagonaal (kan in beide richtingen)
- Woorden kunnen elkaar overlappen of kruisen

2) ACTIEF LEREN

Naast elk woord is een spatie voorzien om de vertaling te noteren. Om actief te leren vindt u een **WOORDENBOEK** aan het einde van deze editie om uw kennis te controleren en uit te breiden. U kunt elke vertaling opzoeken en opschrijven, de woorden in de puzzel vinden en ze vervolgens aan uw woordenschat toevoegen!

3) TAG JE WOORDEN

Hebt u al geprobeerd een labelsysteem te gebruiken? U zou bijvoorbeeld de woorden die moeilijk te vinden waren kunnen markeren met een kruis, de woorden die u leuk vond met een ster, nieuwe woorden met een driehoek, zeldzame woorden met een ruit enzovoort...

4) ORGANISEER UW LEREN

Wij bieden ook een handig **NOTITIEBOEKJE** aan het eind van deze uitgave. Of u nu op vakantie, op reis of thuis bent, u kunt uw nieuwe kennis gemakkelijk ordenen zonder dat u een tweede notitieboek nodig hebt!

5) AFGESLOTEN?

Ga naar de bonussectie: **FINAAL UITDAGING** om een gratis spel te vinden dat aan het einde van deze editie wordt aangeboden!

Wil je meer leuke en leerzame activiteiten? Het is **Snel en Eenvoudig!**
Een hele collectie spelboeken slechts **één klik verwijderd!**

Vind uw volgende uitdaging bij:

BestActivityBooks.com/MijnVolgendeBoek

Klaar... Start!

Wist u dat er zo'n 7000 verschillende talen in de wereld zijn? Woorden zijn kostbaar.

We houden van talen en hebben hard gewerkt om de boeken van de hoogste kwaliteit voor u te maken. Onze ingrediënten?

Een selectie van onmisbare leerthema's, drie grote plakken plezier, dan voegen we er een lepel moeilijke woorden en een snuifje zeldzame woorden aan toe. We serveren ze met zorg en een maximum aan verrukking, zodat je de beste woordspelletjes kunt oplossen en veel plezier beleeft aan het leren!

Uw feedback is essentieel. U kunt een actieve bijdrage leveren aan het succes van dit boek door een recensie achter te laten. Vertel ons wat u het meest beviel in deze editie!

Hier is een korte link die u naar uw bestelpagina brengt:

<u>BestBooksActivity.com/Recensies50</u>

Bedankt voor uw hulp en veel plezier met het spel!

Linguas Classics

1 - Metingen

S	V	R	H	M	K	C	H	D	U	N	S	E	B	T	O
W	N	E	R	I	P	I	A	Z	E	D	Y	Ø	H	O	Z
B	Y	T	E	N	Z	O	L	I	K	S	L	C	L	N	H
N	X	E	T	U	R	A	V	O	Q	I	I	B	R	N	T
P	V	M	E	T	S	C	L	Y	Q	B	D	M	A	R	G
D	D	O	M	T	T	I	I	F	P	A	S	U	A	W	T
M	E	L	I	V	W	Q	T	B	R	E	D	D	E	L	K
S	X	I	T	R	E	T	E	M	E	S	Z	D	H	F	Z
S	E	K	N	F	L	K	R	U	T	S	V	U	X	T	K
M	T	U	E	I	G	E	T	L	I	A	D	Y	B	D	E
M	I	W	C	I	T	I	F	O	L	M	I	Q	N	M	D
O	X	X	I	K	X	F	D	V	Z	A	B	Q	J	Q	Q
A	T	O	M	M	E	A	I	L	E	N	G	D	E	E	U
B	N	L	Y	D	P	H	J	Z	K	O	M	Q	C	E	E
I	V	K	Q	S	X	M	C	R	I	N	C	C	F	I	U
I	S	Q	P	C	T	F	O	G	Y	S	Q	M	G	W	S

BREDDE
BYTE
CENTIMETER
DESIMAL
DYBDE
VEKT
GRAM
HØYDE
TOMME
KILO
KILOMETER
LENGDE
LITER
MASSE
METER
MINUTT
UNSE
HALVLITER
TONN
VOLUM

2 - Opwarming van de Aarde

T	E	M	P	E	R	A	T	U	R	E	R	O	P	O	E
K	I	G	K	Y	E	T	E	A	R	K	T	I	S	K	N
R	R	Q	G	F	K	A	H	M	V	R	L	R	G	G	D
X	I	I	M	E	S	D	M	I	F	K	S	E	E	V	R
T	Z	I	S	K	R	S	O	L	T	G	H	G	N	C	I
P	O	N	J	E	O	E	S	K	S	L	F	J	E	E	N
Q	F	D	B	Y	F	D	K	D	I	T	M	E	R	F	G
L	D	U	Z	Z	R	X	R	X	G	C	G	R	A	F	E
R	E	S	N	E	V	K	E	S	N	O	K	I	S	X	R
I	I	T	L	E	N	D	M	O	I	E	A	N	J	G	I
M	H	R	B	G	Q	C	P	D	L	N	T	G	O	N	A
M	G	I	U	B	G	H	P	R	K	E	T	F	N	L	D
F	I	A	Z	T	A	Q	O	T	I	R	G	A	E	G	Q
P	Q	L	L	R	S	N	N	K	V	G	C	S	R	F	B
N	V	A	J	N	S	F	H	G	T	I	H	I	U	C	Z
K	D	Y	I	Ø	Å	P	N	J	U	P	R	E	I	C	K

OPPMERKSOMHET
ARKTISK
KRISE
ENERGI
GASS
DATA
GENERASJONER
KONSEKVENSER
INDUSTRI
KLIMA
MILJØ
NÅ
UTVIKLING
REGJERING
TEMPERATURER
FREMTID
ENDRINGER
FORSKER

3 - Keuken

L	O	I	S	E	I	F	J	Z	E	S	J	C	F	O	K
S	F	A	V	H	R	I	G	T	U	V	W	H	O	P	R
C	I	G	A	V	W	I	H	M	A	T	X	C	R	P	U
C	K	X	M	V	P	A	K	S	E	L	Ø	J	K	S	K
K	X	E	P	E	S	X	S	U	L	S	V	O	L	K	K
K	R	Y	D	D	E	R	P	M	L	L	Ø	Q	E	R	E
G	R	I	L	L	E	C	I	T	O	X	K	H	U	I	R
S	G	O	B	Z	A	V	S	L	B	Z	K	K	Q	F	A
P	K	A	S	T	T	T	E	I	V	R	E	S	M	T	G
C	V	J	F	X	E	C	P	F	R	Y	S	E	R	C	P
D	Q	J	E	L	P	O	I	A	S	Y	K	J	E	L	E
U	H	F	E	E	E	D	N	V	O	T	X	A	F	L	Y
B	M	O	Z	T	R	R	N	J	W	O	B	X	F	S	E
M	U	G	G	E	H	P	E	G	I	G	P	E	K	D	K
C	Q	Z	X	U	M	N	R	I	M	F	R	S	A	Y	X
B	D	U	M	X	K	N	I	V	E	R	E	P	P	O	K

KOPPER
SPISEPINNER
GRILLE
KJELE
KJØLESKAP
BOLLE
MUGGE
SKJEER
KNIVER
OVN
ØSE
KRUKKE
OPPSKRIFT
FORKLE
SERVIETT
KRYDDER
SVAMP
MAT
GAFLER
FRYSER

4 - Boten

K	I	H	A	V	Y	A	P	Y	A	C	H	T	C	T	G
S	A	N	D	B	L	N	V	I	I	E	O	K	S	O	I
I	M	J	N	P	A	K	S	N	N	A	M	R	V	X	D
T	A	A	A	S	L	E	B	P	J	D	A	V	P	L	A
U	C	X	Y	K	J	R	B	H	L	R	R	E	H	R	U
A	V	C	B	C	K	Ø	N	F	I	J	Y	C	F	P	M
N	E	M	A	R	I	T	I	M	V	L	E	H	U	E	Q
B	Ø	Y	E	I	V	Z	J	S	B	O	J	L	X	H	J
B	W	K	A	N	O	U	B	A	Å	F	M	R	R	B	S
I	Ø	S	E	I	L	B	Å	T	T	G	G	H	G	G	F
Z	F	L	F	V	U	C	S	T	P	H	Z	F	S	Q	E
F	R	T	G	F	L	Å	T	E	W	Y	D	Z	P	O	R
T	A	U	Z	E	A	M	D	S	J	Ø	M	A	N	N	J
P	W	U	S	M	R	O	T	O	M	M	A	S	T	V	E
M	Q	A	P	M	A	U	V	S	O	T	P	Y	X	Y	Z
B	M	G	B	X	H	F	X	L	V	R	U	C	T	S	Z

ANKER
MANNSKAP
BØYE
BØLGER
YACHT
KAJAKK
KANO
MARITIM
MAST
SJØMANN
INNSJØ
MOTOR
NAUTISK
LIVBÅT
ELV
TAU
FERJE
FLÅTE
HAV
SEILBÅT

5 - Gezondheid en Welzijn #2

I	M	O	C	O	S	S	Z	A	V	L	D	L	E	R	J
S	N	S	T	Y	R	K	E	H	L	I	H	D	Y	M	O
M	N	F	K	J	U	W	H	H	P	N	T	P	K	Y	U
X	M	O	E	M	A	G	X	F	P	W	L	A	L	P	M
F	H	L	V	K	L	M	G	E	O	L	E	S	M	G	Q
M	O	D	K	Y	S	X	I	G	R	E	L	L	A	I	Y
F	H	S	M	E	S	J	N	B	K	N	Q	M	U	M	N
N	R	I	X	B	O	D	O	L	B	B	Æ	U	H	O	R
N	W	Y	U	K	B	E	S	N	N	P	Q	R	Y	T	N
G	E	N	E	T	I	K	K	E	N	Y	E	R	I	A	K
O	R	T	Z	S	Y	K	E	H	U	S	N	L	R	N	O
E	Q	C	Y	S	T	R	E	S	S	M	E	O	O	A	G
F	O	R	D	Ø	Y	E	L	S	E	D	R	Q	L	U	I
M	A	S	S	A	S	J	E	R	N	E	G	D	A	O	S
H	Y	G	I	E	N	E	V	X	V	T	I	S	K	R	Z
A	C	P	H	L	W	D	I	E	T	T	E	L	D	J	L

ALLERGI
ANATOMI
BLOD
KALORI
DIETT
ENERGI
GENETIKK
VEKT
SUNN
HYGIENE
INFEKSJON
STYRKE
KROPP
MASSASJE
FORDØYELSE
STRESS
VITAMIN
ERNÆRING
SYKEHUS
SYKDOM

6 - Tijd

T	I	Å	R	T	D	K	K	T	Z	K	D	J	T	M	Q
X	H	R	Å	G	I	V	S	B	R	N	P	B	I	I	M
F	N	B	N	N	N	D	I	T	M	E	R	F	M	N	Å
P	K	H	R	Å	T	U	L	D	T	G	I	E	E	U	N
O	L	E	V	R	T	D	P	I	U	R	D	G	T	T	E
U	A	I	R	L	H	B	N	Q	G	O	A	L	F	T	D
S	M	K	A	I	Q	F	V	U	E	M	G	A	F	D	E
W	U	C	U	G	E	Y	Z	G	K	L	O	K	K	E	F
N	A	T	T	X	W	Å	R	H	U	N	D	R	E	Z	V
L	B	E	X	Q	N	T	S	R	V	W	J	B	F	N	S
X	J	P	I	X	U	C	Q	B	M	Y	R	H	K	B	F
N	Q	G	E	N	M	Q	L	D	Z	S	F	M	W	S	C
K	A	L	E	N	D	E	R	F	Y	O	I	L	Y	C	Q
G	N	C	F	S	D	I	T	S	G	A	D	D	I	M	L
T	N	D	N	R	J	A	E	I	V	L	X	O	F	W	E
L	S	O	O	F	Y	L	G	N	D	Z	S	F	D	J	A

DAG
TIÅR
ÅRHUNDRE
I GÅR
ÅR
ÅRLIG
KALENDER
KLOKKE
MÅNED
MIDDAGSTID
MINUTT
ETTER
NATT
NÅ
MORGEN
FREMTID
TIME
I DAG
TIDLIG
UKE

7 - Meditatie

N	P	E	R	S	P	E	K	T	I	V	V	B	Q	T	B
O	T	F	J	P	E	S	L	C	R	T	E	E	N	A	K
J	P	T	Z	E	M	Q	Z	Y	H	C	N	V	A	K	U
S	F	P	Z	S	E	L	T	Z	O	I	N	E	T	K	L
A	G	P	M	L	G	C	B	X	L	V	L	G	U	N	Y
V	V	H	P	E	G	S	N	B	D	R	I	E	R	E	K
R	Å	K	H	L	R	X	A	Y	N	G	G	L	E	M	K
E	K	U	Z	Ø	K	K	M	N	I	K	H	S	K	L	E
S	E	I	R	F	M	L	S	M	N	O	E	E	N	I	A
B	N	X	W	D	B	U	A	O	G	N	T	K	A	G	K
O	V	P	Y	E	V	R	S	R	M	I	X	R	T	H	S
W	R	N	R	M	F	P	D	I	H	H	S	H	M	E	E
F	M	D	P	U	S	T	E	G	K	E	E	R	A	T	P
M	E	N	T	A	L	K	R	V	S	K	T	T	H	X	T
J	R	R	X	W	L	M	F	S	T	I	L	L	H	E	T
O	L	O	F	Ø	L	E	L	S	E	R	F	O	D	P	W

OPPMERKSOMHET
AKSEPT
PUSTE
BEVEGELSE
TAKKNEMLIGHET
FØLELSER
TANKER
LYKKE
KLARHET
HOLDNING
MEDFØLELSE
MENTAL
MUSIKK
NATUR
OBSERVASJON
PERSPEKTIV
STILLHET
FRED
VENNLIGHET
VÅKEN

8 - Muziek

F	M	C	T	A	I	D	O	L	E	M	U	P	L	P	M
L	U	G	R	E	G	N	A	S	N	W	L	E	Y	T	F
D	S	L	O	D	M	K	S	I	M	T	Y	R	R	B	E
G	I	G	K	A	O	P	C	T	C	H	R	N	I	I	E
W	K	V	R	L	I	N	O	M	R	A	H	D	S	J	P
S	A	X	V	L	G	H	W	Y	A	U	Q	F	K	O	K
Y	L	P	X	A	N	S	R	P	R	L	M	Y	L	E	L
N	S	Y	Q	B	I	Z	N	H	E	Q	B	E	W	J	A
G	K	C	X	Z	L	V	O	G	P	R	E	U	N	D	S
E	T	G	J	O	L	P	F	V	O	O	N	M	M	T	S
S	E	R	E	S	I	V	O	R	P	M	I	U	Y	W	I
Z	N	Z	M	W	P	A	R	M	S	U	N	S	F	S	S
P	O	E	T	I	S	K	K	M	R	X	G	I	E	K	K
X	O	V	Y	M	N	T	I	N	R	A	S	K	I	M	K
T	D	G	R	B	N	Q	M	A	G	P	X	E	X	Q	Y
B	Y	Z	D	T	I	P	J	Z	W	L	H	R	Y	L	O

ALBUM
BALLADE
HARMONI
IMPROVISERE
INSTRUMENT
KLASSISK
KOR
LYRISK
MELODI
MIKROFON
MUSIKALSK
MUSIKER
OPERA
INNSPILLING
POETISK
RYTME
RYTMISK
TEMPO
SANGER
SYNGE

9 - Vogels

S	T	R	U	T	S	P	P	E	N	K	B	K	P	V	K
F	I	Z	D	T	A	D	A	I	N	G	A	M	Å	N	Y
L	P	E	L	I	K	A	N	P	N	C	M	S	F	Z	W
A	Q	L	K	S	V	D	Y	A	E	G	K	I	U	S	Z
M	U	G	R	Å	B	F	A	O	K	G	V	M	G	L	R
I	P	U	O	G	M	L	S	Q	Å	T	Ø	I	L	M	T
N	A	X	T	H	E	G	R	E	R	O	Z	Y	N	E	L
G	C	V	S	P	B	R	K	J	K	U	X	L	E	U	D
O	S	V	A	N	E	N	E	T	X	C	G	D	T	J	B
A	J	A	F	K	V	S	Y	Z	Z	A	N	T	E	G	G
N	F	K	D	X	K	P	Y	H	M	N	J	G	A	N	V
D	Z	X	N	W	E	U	C	U	V	P	E	P	P	I	I
X	L	S	T	P	N	R	O	T	Z	E	Q	I	P	L	A
K	X	C	M	G	L	V	L	K	O	O	V	L	O	L	E
V	U	G	U	V	J	V	E	Z	V	R	A	P	T	Y	W
B	D	Q	X	E	G	J	Ø	K	B	M	T	X	Z	K	O

DUE
AND
EGG
FLAMINGO
GÅS
KYLLING
GJØK
KRÅKE
MÅKE
SPURV

STORK
PAPEGØYE
PÅFUGL
PELIKAN
PINGVIN
HEGRE
STRUTS
TOUCAN
UGLE
SVANEN

10 - Behoud

Ø	R	Z	G	M	S	R	O	O	B	F	T	E	A	D	H
J	K	Z	N	G	I	T	F	A	R	K	E	R	Æ	B	E
L	E	O	I	K	F	R	X	O	A	G	V	A	N	N	L
I	N	F	S	U	O	D	E	W	H	N	A	S	A	O	S
M	D	Y	N	Y	Z	J	Z	H	M	J	M	N	R	W	E
E	R	O	E	V	S	A	T	Q	J	Q	I	V	I	T	B
O	I	K	R	N	X	T	C	U	S	U	L	K	Y	S	R
T	N	S	U	Z	N	I	E	F	G	G	K	T	U	A	K
S	G	M	R	B	R	T	U	M	J	X	F	B	R	P	E
L	E	V	O	R	P	A	A	N	A	T	U	R	L	I	G
U	R	F	F	X	O	U	Q	T	O	X	K	Q	F	F	N
R	E	D	U	S	E	R	E	L	I	O	J	K	Y	L	N
U	T	D	A	N	N	I	N	G	J	B	A	C	P	S	Ø
A	L	K	A	U	K	J	E	M	I	K	A	L	I	E	R
F	R	I	V	I	L	L	I	G	N	M	V	H	B	C	G
R	E	S	I	R	K	U	L	E	R	E	N	L	H	Q	P

KJEMIKALIER
BÆREKRAFTIG
ØKOSYSTEM
SYKLUS
HELSE
GRØNN
HABITAT
KLIMA
MILJØ
NATURLIG
UTDANNING
ORGANISK
RESIRKULERE
ENDRINGER
REDUSERE
FORURENSING
FRIVILLIG
VANN

11 - Universum

H	U	D	P	C	K	X	N	E	K	R	E	N	A	B	M
L	C	Y	W	E	V	R	E	V	L	O	S	I	T	R	D
C	E	R	R	J	P	V	S	J	E	T	B	G	M	E	H
P	D	N	F	F	O	J	T	H	U	N	J	R	O	D	O
W	I	Q	G	Z	K	M	E	I	S	E	T	O	S	D	R
K	O	Q	X	D	S	F	R	M	Y	S	F	T	F	E	I
B	R	E	Q	Z	E	U	K	M	H	P	M	A	Æ	G	S
K	E	M	W	P	L	G	E	E	P	P	I	V	R	R	O
O	T	C	Å	F	E	B	R	L	S	S	F	K	E	A	N
S	S	H	B	N	T	D	Y	A	X	Y	K	E	W	D	T
M	A	Y	P	V	E	C	D	B	D	E	N	N	U	P	M
I	Q	X	A	S	T	R	O	N	O	M	L	L	M	I	Ø
S	Y	A	S	T	R	O	N	O	M	I	L	G	I	O	R
K	Y	L	A	Q	H	O	X	F	K	W	S	S	H	G	K
N	H	A	L	V	K	U	L	E	C	K	Z	H	F	P	E
A	F	G	M	D	I	S	Z	T	O	Z	R	Y	X	V	U

ASTEROIDE
ASTRONOMI
ASTRONOM
ATMOSFÆRE
BANE
BREDDEGRAD
DYREKRETSEN
MØRKE
EKVATOR
HALVKULE
HIMMEL
HORISONT
VIPPE
KOSMISK
LENGDEGRAD
MÅNE
GALAXY
TELESKOP
SYNLIG
SOLVERV

12 - Wiskunde

P	T	J	W	A	R	I	T	M	E	T	I	K	K	T	D
D	A	G	N	I	N	G	I	L	G	K	R	V	V	R	D
E	S	R	E	L	K	N	I	V	R	O	I	M	G	E	I
S	F	T	A	O	P	O	L	Y	G	O	N	D	W	K	V
I	Æ	O	V	L	M	A	T	U	I	T	O	K	M	A	I
M	R	R	O	A	L	E	G	N	A	T	K	E	R	N	S
A	E	G	L	M	R	E	T	E	M	A	I	D	R	T	J
L	T	E	U	M	B	C	L	R	P	X	U	E	T	N	O
U	L	T	M	B	H	N	F	L	I	Y	Y	P	Z	E	N
B	R	Ø	K	D	E	L	K	U	R	P	A	A	C	N	Q
T	A	G	U	O	H	T	L	P	T	X	D	V	G	O	E
D	E	R	E	G	R	M	J	H	E	Q	C	Z	T	P	C
O	J	C	B	S	T	E	R	K	M	O	A	R	J	S	U
J	P	K	I	S	U	Y	A	O	M	P	L	Z	O	K	D
D	Q	Y	F	Y	S	M	P	D	Y	S	D	J	G	E	Q
Z	S	L	Y	V	Z	R	J	G	S	U	I	D	A	R	T

SFÆRE
DESIMAL
DIAMETER
DIVISJON
TREKANT
EKSPONENT
BRØKDEL
GEOMETRI
VINKLER
OMKRETS
PARALLELL
REKTANGEL
ARITMETIKK
SUM
RADIUS
SYMMETRI
POLYGON
LIGNING
TORGET
VOLUM

13 - Gezondheid en Welzijn #1

M	K	F	H	R	O	L	T	L	U	S	Z	L	U	P	M
E	L	H	S	V	D	E	E	N	A	V	I	T	K	A	C
D	I	Ø	W	J	Z	G	R	E	L	K	S	U	M	Z	X
I	N	Y	A	E	M	E	A	N	E	R	V	E	R	A	W
S	I	D	A	S	B	T	P	Y	E	P	B	U	F	E	P
I	K	E	S	P	Y	G	I	B	A	K	T	E	R	I	E
N	K	E	S	G	Y	N	I	F	U	G	E	B	E	Z	G
L	O	P	L	X	T	H	S	H	G	V	M	T	N	D	X
I	Z	X	G	F	Z	U	V	I	R	U	S	K	O	B	E
L	I	H	H	Y	E	D	A	K	S	R	L	Q	M	P	R
Y	C	G	X	Y	O	R	W	R	B	T	U	K	R	X	A
L	I	A	H	O	G	B	R	U	D	D	E	V	O	J	N
B	E	H	A	N	D	L	I	N	G	A	O	U	H	H	E
Y	T	B	Z	F	W	N	A	T	W	P	C	Z	W	M	Z
X	V	O	D	P	R	P	U	E	B	C	A	X	G	V	K
A	V	S	L	A	P	N	I	N	G	E	U	F	S	R	Y

AKTIV
APOTEK
BAKTERIE
BEHANDLING
BRUDD
LEGE
VANE
SULT
HØYDE
HORMONER
HUD
KLINIKK
SKADE
MEDISIN
AVSLAPNING
REFLEKS
MUSKLER
TERAPI
VIRUS
NERVER

14 - Camping

E	Y	Ø	K	E	G	N	E	H	P	O	D	N	P	B	D
T	V	C	N	C	C	I	N	N	S	J	Ø	A	Y	C	J
T	M	E	I	N	S	E	K	T	S	I	O	T	L	E	T
Y	W	N	N	F	G	T	V	K	A	M	D	U	G	I	L
H	I	Å	W	T	W	M	U	A	P	R	Æ	R	T	C	M
A	B	M	Q	X	Y	B	C	J	M	L	I	M	K	A	F
A	R	K	G	I	O	R	I	B	O	D	L	L	A	W	U
F	J	E	L	L	W	E	G	O	K	S	Y	K	R	E	I
V	K	N	M	G	Z	I	D	N	F	Z	U	R	T	L	C
J	P	P	U	Z	Q	R	B	A	H	W	T	E	A	M	Q
F	I	F	P	K	F	O	B	K	U	D	E	M	Y	X	B
D	Y	T	B	H	R	T	P	N	M	X	A	T	N	O	V
H	A	T	T	T	Y	S	N	W	D	N	N	A	L	O	K
F	K	Y	I	R	I	I	W	A	W	I	W	S	D	Q	D
B	R	A	N	N	C	H	Q	O	P	Z	C	W	F	R	N
X	Q	N	P	I	Y	H	Z	R	Q	M	S	I	R	X	T

EVENTYR
FJELL
TRÆR
SKOG
BRANN
HYTTE
DYR
HENGEKØYE
HATT
INSEKT
JAKT
KART
KANO
KOMPASS
MÅNE
INNSJØ
NATUR
TELT
TAU
HISTORIER

15 - Algebra

V	Q	X	Q	F	P	M	O	M	P	T	D	F	B	A	S
A	Z	Z	Q	E	A	E	U	Q	R	L	I	N	E	Æ	R
R	X	O	D	S	A	L	T	F	O	G	T	Y	K	E	N
I	I	B	C	I	S	A	S	C	B	V	F	N	W	W	X
A	S	U	M	R	V	J	B	K	L	E	O	C	L	U	T
B	L	N	T	T	Y	I	A	N	E	S	R	T	Ø	U	Q
E	F	U	N	A	Z	Q	S	O	M	J	E	C	S	E	Z
L	V	L	E	M	R	O	F	J	X	E	N	E	N	N	X
I	R	L	N	A	O	W	U	S	O	W	K	D	I	D	Z
O	B	E	O	R	T	Q	U	K	Q	N	L	G	N	E	W
Z	P	D	P	G	K	Q	N	A	L	A	E	N	G	L	E
C	V	K	S	A	A	P	A	R	E	N	T	E	S	I	Y
K	Y	Ø	K	I	F	B	L	T	V	R	Z	M	G	G	Y
T	O	R	E	D	X	D	U	B	L	I	G	N	I	N	G
M	W	B	T	O	T	N	B	U	P	W	F	A	D	X	X
M	I	B	Z	O	P	G	V	S	T	N	U	C	U	R	Z

SUBTRAKSJON
DIAGRAM
DIVISJON
EKSPONENT
FAKTOR
FORMEL
BRØKDEL
PARENTES
MENGDE
LINEÆR
MATRISE
NULL
UENDELIG
LØSNING
PROBLEM
SUM
FALSK
VARIABEL
FORENKLE
LIGNING

16 - Activiteiten

F	S	P	R	V	Y	S	O	T	F	L	C	I	A	B	A
K	R	I	V	D	D	P	D	A	I	E	A	K	V	G	Q
N	E	I	G	J	D	I	Y	K	S	S	M	H	S	O	V
T	S	R	T	G	V	L	A	T	K	I	P	V	L	V	Q
X	B	P	A	I	V	L	A	I	E	N	I	G	A	M	N
D	A	N	S	M	D	Z	R	V	B	G	N	G	P	G	M
E	F	F	F	R	I	S	V	I	E	V	G	U	N	Q	U
Y	U	W	L	E	I	K	S	T	S	N	U	K	I	U	H
G	L	E	D	E	R	W	K	E	W	W	B	F	N	Q	U
C	Y	A	H	N	E	D	Q	T	K	A	J	R	G	T	R
W	D	Z	W	L	L	D	I	E	B	R	A	E	G	A	H
Q	W	W	T	K	A	Z	H	G	G	A	O	N	O	V	G
R	M	D	W	U	M	B	P	P	H	E	B	G	W	M	U
P	H	Å	N	D	V	E	R	K	A	E	I	L	J	Q	I
F	O	T	T	U	R	E	R	A	W	S	T	S	X	C	Y
Y	M	F	O	T	O	G	R	A	F	E	R	I	N	G	I

AKTIVITET
HÅNDVERK
DANS
FOTOGRAFERING
SPILL
FISKE
JAKT
CAMPING
KERAMIKK
KUNST
LESING
MAGI
SY
AVSLAPNING
GLEDE
MALERI
HAGEARBEID
FERDIGHET
FRITID
FOTTURER

17 - Vormen

H	Y	P	E	R	B	O	L	A	X	S	X	S	P	T	O
K	U	G	P	L	I	R	U	G	Q	I	D	Y	H	O	V
W	A	A	C	W	C	J	L	S	E	R	O	L	H	R	A
R	F	N	O	G	Y	L	O	P	H	K	D	I	E	G	L
O	U	J	T	G	Y	N	U	I	I	E	S	N	F	E	E
U	E	N	O	E	L	G	E	J	K	L	F	D	T	T	G
S	O	X	D	M	R	K	N	J	Z	I	Æ	E	R	V	N
I	G	T	F	S	E	B	P	B	N	F	R	R	E	C	A
Y	Q	T	X	I	U	Z	W	K	I	I	E	U	K	Q	T
B	U	E	N	R	Ø	J	H	Q	L	E	L	K	A	K	K
T	K	Q	M	P	B	T	L	K	U	R	V	E	N	P	E
N	U	T	M	O	Y	F	B	G	R	D	N	Z	T	P	R
F	B	L	Z	Z	T	P	Y	N	M	S	I	D	E	C	J
X	E	D	I	M	A	R	Y	P	S	I	F	R	G	X	V
E	D	U	Y	R	C	V	R	R	N	R	N	M	C	O	R
R	X	N	F	U	Y	W	K	Q	D	Y	C	R	T	Z	K

SFÆRE
BUE
SYLINDER
SIRKEL
KURVE
TREKANT
HJØRNE
HYPERBOLA
SIDE
KJEGLE
KUBE
LINJE
OVAL
PYRAMIDE
PRISME
KANTER
REKTANGEL
RUND
POLYGON
TORGET

18 - Diplomatie

R	E	G	J	E	R	I	N	G	E	M	C	N	T	W	A
E	R	E	T	T	F	E	R	D	I	G	H	E	T	Q	M
V	H	U	M	A	N	I	T	Æ	R	G	Y	Y	E	A	B
I	I	L	Ø	S	N	I	N	G	Y	O	Z	J	S	L	A
G	A	M	B	A	S	S	A	D	Ø	R	R	A	K	H	S
D	D	K	C	X	T	J	T	E	H	R	E	K	K	I	S
Å	S	I	T	R	A	K	T	A	T	Y	T	L	I	A	A
R	A	S	S	B	O	R	G	E	R	E	R	B	T	O	D
E	M	P	H	K	S	I	T	A	M	O	L	P	I	D	E
T	A	R	V	A	U	N	F	U	O	U	A	N	L	S	V
I	R	Å	X	T	I	S	B	G	A	S	X	N	O	J	O
K	B	K	U	D	E	A	J	R	W	V	A	P	P	V	J
K	E	U	P	E	R	P	S	O	S	V	J	Z	O	A	I
H	I	K	A	V	W	T	T	E	N	N	U	F	M	A	S
G	D	I	N	T	E	G	R	I	T	E	T	K	K	I	T
Q	W	U	W	N	K	O	N	F	L	I	K	T	V	J	D

RÅDGIVER
AMBASSADE
AMBASSADØR
BORGERE
KONFLIKT
DIPLOMATISK
DISKUSJON
ETIKK
SAMFUNNET
RETTFERDIGHET
HUMANITÆR
INTEGRITET
LØSNING
POLITIKK
REGJERING
VEDTAK
SAMARBEID
SPRÅK
SIKKERHET
TRAKTAT

19 - Astronomie

M	E	T	E	O	R	G	B	A	K	D	A	S	C	S	K
H	X	O	N	I	U	Q	E	L	W	K	V	T	O	D	O
T	U	W	R	M	S	V	R	R	H	O	P	R	F	F	N
F	C	M	E	P	Å	H	S	H	I	S	V	Å	D	A	S
R	S	D	J	W	Q	N	V	I	V	M	P	L	K	X	T
A	A	I	T	Z	K	S	E	J	G	O	S	I	O	N	E
F	S	K	S	R	E	V	I	N	U	S	X	N	M	Z	L
N	G	T	E	N	A	L	P	P	H	Z	J	G	E	W	L
E	A	T	E	T	U	A	N	O	R	T	S	A	T	T	A
D	A	I	S	R	T	W	T	K	E	H	J	O	R	D	S
S	P	L	M	M	O	M	A	S	T	R	O	N	O	M	J
W	B	L	R	L	V	I	O	E	D	K	W	I	D	C	O
S	B	E	I	K	K	T	D	L	E	X	V	C	G	I	N
N	K	T	T	F	A	R	K	E	D	G	N	Y	T	H	S
Z	W	A	M	U	I	R	O	T	A	V	R	E	S	B	O
K	P	S	S	T	J	E	R	N	E	T	Å	K	E	L	L

JORD
ASTEROIDE
ASTRONAUT
ASTRONOM
EQUINOX
KOMET
KOSMOS
MÅNE
METEOR
STJERNETÅKE
OBSERVATORIUM
PLANET
RAKETT
SATELLITT
STJERNE
KONSTELLASJON
STRÅLING
TELESKOP
UNIVERS
TYNGDEKRAFT

20 - Emoties

W	D	H	R	D	I	B	N	K	I	F	I	S	W	T	F
G	S	H	G	N	N	S	Z	F	L	D	R	S	A	R	R
P	L	S	F	I	N	Q	A	V	C	O	W	E	K	I	M
J	L	E	T	E	H	G	I	L	R	Æ	J	K	D	S	C
E	B	Y	D	X	O	R	L	G	R	B	O	D	K	T	O
S	M	I	L	E	L	D	F	O	R	N	Ø	Y	D	H	H
L	Y	Z	H	W	D	V	I	U	X	C	T	G	U	E	Q
E	S	M	R	T	S	Z	B	X	Y	F	X	L	A	T	L
T	Y	T	P	U	V	E	N	N	L	I	G	H	E	T	Ø
T	E	P	P	A	L	S	V	A	K	V	U	A	F	E	M
E	R	S	D	L	T	E	H	M	O	S	D	E	J	K	H
L	O	I	T	F	K	I	Y	Y	R	I	X	X	B	S	E
A	L	N	B	J	Y	V	K	W	I	N	H	U	O	Q	T
K	I	N	Y	W	R	S	M	B	Y	K	N	N	I	B	A
N	G	E	C	U	F	T	A	K	K	N	E	M	L	I	G
L	Y	K	K	S	A	L	I	G	H	E	T	H	S	W	X

FRYKT
FLAU
TAKKNEMLIG
TRISTHET
LYKKSALIGHET
INNHOLD
ROLIG
KJÆRLIGHET
AVSLAPPET
LETTELSE
RO
SYMPATI
ØMHET
FORNØYD
KJEDSOMHET
FRED
GLEDE
VENNLIGHET
SINNE

21 - Vakantie #2

U	R	T	E	L	T	C	G	B	Ø	Y	U	G	W	V	T
R	R	E	I	R	E	F	E	A	Z	F	C	W	S	O	X
R	E	C	S	H	O	T	E	L	L	F	R	I	T	I	D
E	H	S	N	E	S	S	A	L	P	Y	L	F	E	V	D
I	A	S	T	C	R	U	T	L	E	N	D	I	N	G	E
S	V	A	H	A	D	V	R	I	Y	Y	D	V	B	N	S
E	G	P	A	C	U	L	A	O	V	U	U	I	T	I	T
S	T	R	A	N	D	R	K	S	T	G	Q	S	A	P	I
Q	O	C	Q	Y	G	Y	A	N	J	A	Q	U	A	M	N
Z	B	D	T	G	R	C	C	N	V	O	X	M	N	A	A
S	U	Y	A	O	W	S	Y	J	T	Z	N	I	J	C	S
Y	F	E	M	M	W	B	P	G	W	I	Y	E	N	K	J
S	I	L	U	P	D	Y	C	D	H	T	Q	E	R	I	O
Y	Q	A	F	X	E	T	K	M	J	T	R	S	Z	U	N
N	G	Z	R	Z	I	F	R	E	M	M	E	D	Y	X	K
T	R	A	N	S	P	O	R	T	H	R	W	F	T	U	E

DESTINASJON
UTLENDING
FREMMED
ØY
HOTELL
KART
CAMPING
FLYPLASSEN
PASS
REISE
RESERVASJONER
RESTAURANT
STRAND
TAXI
TELT
FERIE
TRANSPORT
VISUM
FRITID
HAV

22 - Weersomstandigheden

A	Y	K	U	N	X	U	O	L	T	T	G	H	G	Q	H
F	U	K	T	I	G	I	S	Y	E	B	O	U	V	F	V
U	A	K	B	F	S	D	B	N	M	G	D	R	O	K	B
G	D	Q	P	S	K	C	V	D	P	G	N	U	D	K	O
I	X	X	F	U	G	I	I	R	E	C	Z	A	S	E	P
V	E	H	E	H	O	D	C	A	R	W	N	T	K	U	N
Y	I	W	P	L	I	N	V	L	A	T	N	M	Y	B	T
A	E	N	L	O	X	M	R	O	T	S	S	O	Q	N	R
A	N	U	D	D	Z	O	M	P	U	W	T	S	L	G	O
M	O	N	S	U	N	L	S	E	R	T	Å	F	O	E	P
I	M	M	X	W	P	F	F	A	L	Ø	K	Æ	R	R	I
L	R	A	V	N	G	C	O	Y	M	R	E	R	K	D	S
K	G	L	K	T	X	L	C	R	B	K	F	E	A	Y	K
T	O	R	N	A	D	O	Z	W	M	E	A	O	N	M	B
A	O	G	Y	D	P	S	E	R	P	D	M	I	S	R	W
S	N	F	R	G	L	B	D	B	A	V	H	A	X	N	B

ATMOSFÆRE
LYN
TORDEN
TØRKE
HIMMEL
IS
KLIMA
TÅKE
MONSUN
ORKAN
FLOM
POLAR
REGNBUE
STORM
TEMPERATUR
TORNADO
TROPISK
FUKTIG
VIND
SKY

23 - Eten #2

B	T	W	U	K	B	A	N	A	N	A	S	R	R	A	L
B	R	R	I	S	R	E	H	T	A	M	O	T	X	S	Y
R	U	O	F	E	R	S	K	E	N	E	D	S	S	P	D
Ø	H	D	K	H	G	U	O	X	T	D	N	J	T	A	K
D	G	U	T	K	L	W	J	M	Q	A	M	K	Q	R	Y
I	O	X	N	H	O	K	S	Z	A	D	E	Q	H	G	L
W	Y	G	R	M	Q	L	E	D	N	A	M	H	K	E	L
L	D	P	L	B	E	N	I	G	R	E	B	U	A	S	I
S	J	E	O	F	K	A	Z	G	E	T	L	E	H	B	N
G	S	A	C	L	N	N	K	E	N	E	I	P	H	Y	G
F	I	S	K	F	I	A	I	Q	F	V	L	S	E	P	A
W	D	E	G	P	K	B	W	Y	M	H	O	Z	U	C	P
E	R	F	W	L	S	A	I	P	A	X	C	L	R	Y	O
D	K	D	K	Y	Z	V	B	G	S	W	B	A	D	K	P
F	M	P	P	N	A	X	K	C	F	E	F	P	S	R	J
N	O	H	X	M	M	E	Q	W	T	B	Y	Q	F	P	L

MANDEL
ANANAS
EPLE
ASPARGES
AUBERGINE
BANAN
BROKKOLI
BRØD
DRUE
EGG
SKINKE
OST
KYLLING
KIWI
FERSKEN
RIS
HVETE
TOMAT
FISK
YOGHURT

24 - Geologie

G	E	R	Y	S	T	J	I	F	T	S	H	G	Y	W	Z
I	R	I	S	Y	E	G	O	A	J	O	T	W	R	P	B
A	O	Z	W	C	T	A	P	R	J	N	T	C	A	C	P
D	S	J	C	U	L	L	G	K	D	E	I	F	G	A	J
P	J	W	W	J	E	F	J	V	O	S	T	R	A	V	K
Y	O	Q	Å	Q	M	H	O	J	O	R	K	C	B	A	D
V	N	I	E	T	S	Y	S	T	F	Q	A	J	S	L	Q
M	U	I	S	L	A	K	I	Q	K	U	L	L	E	T	E
O	G	N	N	A	K	L	U	V	E	T	A	A	L	L	P
B	E	N	V	S	T	H	P	Z	N	S	T	T	U	I	V
S	K	O	N	T	I	N	E	N	T	S	S	S	H	S	Y
D	S	E	C	J	Q	B	O	T	G	Z	R	Y	Z	S	I
K	B	V	T	P	F	F	Z	W	P	Y	B	R	H	O	L
L	D	A	P	F	K	D	V	W	H	L	D	C	D	F	N
C	C	M	X	C	Z	G	C	E	R	C	W	C	F	F	X
R	I	N	K	T	F	G	F	Q	Q	F	X	O	B	R	J

JORDSKJELV
KALSIUM
KONTINENT
EROSJON
FOSSILT
GEYSIR
SMELTET
HULE
KORALL
CRYSTAL

KVARTS
LAG
LAVA
PLATÅ
STALAKTITT
STEIN
VULKAN
SONE
SALT
SYRE

25 - Specerijen

B	L	J	O	M	N	E	A	E	J	A	F	V	H	S	N
M	K	R	C	V	K	Q	W	T	G	V	A	E	Z	G	L
I	L	O	Y	V	Z	V	W	T	T	N	A	O	D	M	Ø
R	E	T	T	I	B	L	O	F	F	B	L	V	O	D	K
I	N	G	E	F	Æ	R	E	P	P	E	P	Y	M	A	H
K	A	R	D	E	M	O	M	M	E	R	P	Y	L	B	V
M	K	S	A	F	R	A	N	M	T	N	K	A	M	S	I
F	U	C	F	K	K	E	W	D	N	N	O	V	W	K	T
C	E	S	H	J	E	M	D	Y	D	N	R	K	J	O	L
M	R	N	K	J	U	F	N	P	R	J	I	A	M	B	Ø
R	S	I	N	A	S	Ø	T	L	A	S	A	R	B	F	K
L	G	F	I	I	T	C	J	D	Q	E	N	R	J	W	S
F	N	V	H	A	K	I	R	P	A	P	D	I	S	W	H
Q	U	L	G	C	X	E	A	K	U	V	E	U	S	A	T
V	A	N	I	L	J	E	L	L	L	I	R	E	N	T	W
S	P	I	S	S	K	U	M	M	E	N	E	G	E	A	U

ANIS
BITTER
INGEFÆR
KANEL
KARDEMOMME
KARRI
HVITLØK
SPISSKUMMEN
KORIANDER
FEDD
MUSKAT
PAPRIKA
PEPPER
SAFRAN
SMAK
LØK
VANILJE
FENNIKEL
SØT
SALT

26 - Groenten

Z	K	Y	R	C	Q	C	A	N	M	E	C	H	R	B	U
J	O	M	U	O	T	H	A	C	E	C	U	V	R	Q	S
V	A	U	B	E	R	G	I	N	E	S	V	I	N	C	S
S	P	I	N	A	T	R	E	R	P	N	S	T	F	D	U
O	L	I	V	E	N	N	E	Æ	E	Y	H	L	A	T	Y
R	E	D	D	I	K	Q	K	F	N	L	T	Ø	R	E	K
S	A	L	A	T	N	R	A	E	A	F	L	K	E	A	T
P	E	R	S	I	L	L	E	G	Y	G	V	E	Y	I	B
T	P	K	R	L	E	G	V	N	O	C	U	Z	S	G	U
C	V	O	U	O	L	E	I	I	X	F	J	R	H	R	T
O	P	T	S	K	Ø	A	J	D	J	P	S	G	K	E	O
Z	V	G	O	K	K	K	O	J	S	I	T	R	A	S	M
Y	Z	A	G	O	G	U	L	R	O	T	L	L	X	S	A
O	W	T	F	R	E	Y	Y	A	Q	E	C	N	N	K	T
G	P	W	A	B	L	B	L	Q	I	Y	A	S	Q	A	H
S	J	A	L	O	T	T	L	Ø	K	Z	M	I	D	R	Z

ARTISJOKK
AUBERGINE
BROKKOLI
ERT
INGEFÆR
HVITLØK
AGURK
OLIVEN
SOPP
PERSILLE
GRESSKAR
NEPE
REDDIK
SALAT
SELLERI
SJALOTTLØK
SPINAT
TOMAT
LØK
GULROT

27 - Archeologie

D	T	R	E	P	S	K	E	K	Q	W	F	R	G	E	M
T	N	E	M	G	A	R	F	X	D	L	Z	E	Z	J	E
S	T	L	I	S	S	O	F	O	J	G	H	M	A	A	W
J	G	I	L	T	G	D	G	L	E	M	T	M	F	X	L
H	F	K	F	Y	R	E	T	K	E	J	B	O	E	W	T
J	X	V	L	I	A	G	M	R	R	L	S	K	V	Z	I
H	O	I	D	Z	V	D	T	K	S	Z	M	R	B	B	W
V	Q	E	I	N	P	W	A	S	F	W	D	E	Y	Q	F
A	U	T	E	M	P	E	L	Æ	R	A	B	T	N	W	A
N	A	R	T	E	A	M	M	U	I	R	E	T	S	Y	M
T	S	N	D	P	B	U	V	J	K	K	B	E	P	I	Z
I	D	Y	A	E	F	Z	R	R	G	J	M	K	M	S	V
K	F	G	S	L	R	H	V	B	K	X	E	B	E	I	N
K	U	G	B	S	Y	I	Z	O	P	A	E	N	O	N	P
E	N	B	B	Q	L	S	N	T	V	Z	Q	R	T	V	M
N	N	K	X	O	W	V	E	G	F	O	R	S	K	E	R

ANALYSE
FUNN
BEIN
EKSPERT
VURDERING
FOSSILT
FRAGMENT
GRAV
MYSTERIUM
ETTERKOMMER
OBJEKTER
UKJENT
FORSKER
ANTIKKEN
RELIKVIE
TEAM
TEMPEL
ÆRA
GLEMT

28 - Dans

K	O	R	E	O	G	R	A	F	I	P	B	V	S	T	H
K	J	H	X	W	P	E	Y	O	G	M	G	S	F	R	O
T	P	E	V	Z	P	A	S	P	C	L	R	F	Q	A	P
L	P	S	N	V	O	N	F	J	R	Y	T	M	E	D	P
K	U	L	T	U	R	E	L	L	I	B	S	W	D	I	E
N	Q	E	T	Q	K	J	E	G	O	X	N	M	Å	S	S
S	Z	L	A	J	A	Z	K	K	I	S	U	M	N	J	A
P	I	Ø	Y	P	G	N	X	U	A	P	K	X	H	O	M
S	A	F	O	G	F	R	Z	T	L	W	P	Y	I	N	B
K	L	A	S	S	I	S	K	U	T	T	Y	Z	D	E	O
P	M	O	P	S	V	L	G	M	B	Ø	U	M	N	L	E
A	K	A	D	E	M	I	E	F	A	Z	V	R	K	L	R
H	O	L	D	N	I	N	G	D	S	X	U	I	Q	B	E
B	I	A	X	Y	B	I	V	G	E	U	H	H	N	Y	S
U	L	S	X	N	L	R	Z	V	S	L	D	Z	N	G	U
B	E	V	E	G	E	L	S	E	F	Q	G	P	Z	C	P

AKADEMI
BEVEGELSE
GLEDELIG
KOREOGRAFI
KULTURELL
KULTUR
FØLELSE
NÅDE
HOLDNING
KLASSISK
KUNST
KROPP
MUSIKK
SAMBOER
ØVING
RYTME
HOPPE
TRADISJONELL

29 - Ziekte

S	S	N	N	O	F	T	E	A	X	Y	L	U	X	I	K
G	M	Y	C	L	P	G	L	L	R	A	N	K	F	Z	R
Y	B	I	N	I	E	B	S	L	T	V	H	D	H	P	O
W	L	G	T	D	H	E	L	S	E	Y	E	N	C	Y	N
Z	E	R	T	T	R	S	I	N	U	S	F	L	F	E	I
M	E	E	U	S	S	O	H	J	E	R	T	E	I	P	S
M	G	L	K	B	E	O	M	G	S	T	Q	M	U	G	K
J	U	L	A	G	L	C	M	U	V	E	E	G	J	R	A
L	J	A	W	V	Y	B	Y	U	R	R	G	L	L	I	V
L	U	F	T	V	E	I	E	N	E	A	E	N	O	J	S
B	E	T	E	N	N	E	L	S	E	P	P	O	R	K	P
T	U	I	P	K	S	H	G	K	S	I	T	E	N	E	G
N	E	V	R	O	P	A	T	I	P	Z	Q	R	W	Q	G
B	A	K	T	E	R	I	E	L	L	T	O	H	G	D	G
I	M	M	U	N	I	T	E	T	O	U	T	Q	P	V	I
P	A	T	O	G	E	N	E	R	M	G	X	A	N	X	P

AKUTT
LUFTVEIENE
ALLERGI
BAKTERIELL
SMITTSOM
BEIN
KRONISK
ARVELIG
GENETISK
HELSE
HJERTE
IMMUNITET
KROPP
NEVROPATI
BETENNELSE
SINUS
SYNDROM
TERAPI
PATOGENER
SVAK

30 - Mythologie

V	Y	H	U	Y	L	T	X	H	C	T	H	I	D	E	D
U	N	P	Z	F	Y	A	O	U	P	V	B	B	H	F	G
P	L	E	U	U	D	R	B	R	R	M	P	Y	G	O	R
G	X	C	J	Q	Y	N	S	Y	D	R	U	I	I	R	E
M	M	R	L	L	K	W	K	I	R	E	H	E	L	T	H
J	C	G	F	Q	K	R	A	E	T	I	N	P	E	S	E
L	E	G	E	N	D	E	P	S	E	N	N	Y	D	A	L
E	U	L	T	Y	K	G	N	L	H	H	K	T	Ø	T	T
M	D	D	E	L	Z	I	I	E	G	D	D	E	D	A	I
M	O	N	S	T	E	R	N	P	I	P	Y	K	P	K	N
I	H	E	V	N	K	K	G	A	L	K	B	R	E	R	N
H	X	R	P	S	T	Y	R	K	E	Q	U	A	J	G	E
M	E	A	E	W	P	G	U	S	D	D	T	L	O	P	B
O	P	P	F	Ø	R	S	E	L	Ø	L	V	J	T	U	E
B	I	D	L	M	H	V	U	N	D	G	I	X	G	U	U
S	J	A	L	U	S	I	P	B	U	V	Y	H	P	C	R

ARKETYPE
LYN
SKAPELSE
KULTUR
TORDEN
LABYRINT
OPPFØRSEL
HELT
HELTINNE
HIMMEL
SJALUSI
STYRKE
KRIGER
LEGENDE
MONSTER
UDØDELIGHET
KATASTROFE
DØDELIG
SKAPNING
HEVN

31 - Eten #1

S	L	B	P	I	D	C	X	N	L	P	W	F	J	S	S
C	P	S	O	B	X	S	R	C	Ø	E	S	I	F	U	U
B	Y	I	P	S	T	O	Y	R	K	A	L	N	N	P	K
H	U	Z	N	J	T	I	G	X	D	N	T	D	I	P	K
V	J	J	J	A	A	N	P	E	F	Ø	W	W	G	E	E
I	K	G	A	D	T	T	Ø	J	K	T	Y	Z	V	E	R
T	M	U	K	I	L	I	S	A	B	T	D	S	W	R	Q
L	K	L	E	M	J	K	S	I	F	N	U	T	J	Q	J
Ø	R	R	K	N	A	A	S	A	L	T	K	K	S	K	D
K	J	O	S	T	P	N	H	E	A	N	N	N	Q	J	F
M	R	T	U	I	P	E	R	Æ	P	S	W	I	N	B	X
J	U	I	C	E	T	L	W	E	H	S	S	U	D	Y	L
W	N	W	H	H	P	R	V	K	Q	A	A	P	Z	G	K
A	P	R	I	K	O	S	O	D	G	X	L	T	E	G	I
L	F	B	H	T	G	B	F	N	J	Q	A	Y	Z	R	H
U	G	A	X	J	O	R	D	B	Æ	R	T	P	I	W	M

JORDBÆR
APRIKOS
BASILIKUM
SITRON
BYGG
KANEL
HVITLØK
MELK
PÆRE
PEANØTT
SALAT
JUICE
SUPPE
SPINAT
SUKKER
TUNFISK
LØK
KJØTT
GULROT
SALT

32 - Avontuur

V	D	R	E	N	N	E	V	Y	S	Z	Y	N	A	S	W
A	E	S	N	A	L	J	X	R	Y	K	I	A	K	K	N
N	D	Z	T	G	I	L	N	A	V	U	O	V	T	V	C
S	E	G	U	L	S	F	M	F	O	O	A	I	I	H	S
K	S	S	S	E	G	I	A	N	K	V	L	G	V	S	U
E	T	J	I	D	J	N	K	R	B	O	D	A	I	K	R
L	I	A	A	E	R	K	M	K	L	X	M	S	T	J	E
I	N	N	S	X	R	R	Z	V	E	I	Y	J	E	Ø	I
G	A	S	M	S	E	U	O	W	C	R	G	O	T	N	S
H	S	E	E	R	I	M	P	Y	C	U	H	N	V	N	E
E	J	T	H	C	S	G	Q	M	V	T	P	E	P	H	R
T	O	O	O	E	E	E	O	E	I	A	N	P	T	E	U
Y	N	M	K	P	R	U	Q	F	P	N	V	G	M	T	T
U	T	F	O	R	D	R	I	N	G	E	R	D	A	Q	E
F	O	R	B	E	R	E	D	E	L	S	E	H	N	P	F
A	D	R	L	C	U	T	F	L	U	K	T	L	Y	T	Y

AKTIVITET
DESTINASJON
ENTUSIASME
UTFLUKT
FARLIG
SJANSE
VANSKELIGHET
NATUR
NAVIGASJON
NY
UVANLIG
REISERUTE
REISER
SKJØNNHET
UTFORDRINGER
SIKKERHET
FORBEREDELSE
GLEDE
VENNER

33 - Restaurant #2

U	U	F	J	M	B	N	N	A	V	Y	S	I	W	A	K
S	A	L	T	I	Y	U	D	E	I	L	I	G	C	U	A
G	O	N	F	D	Z	D	Y	C	Z	T	F	L	W	L	K
C	F	P	W	D	I	L	I	H	M	M	M	B	Z	V	E
M	X	P	I	A	Q	E	B	I	R	Z	N	G	E	K	P
G	D	K	Y	G	R	R	L	I	S	W	Y	A	S	Z	P
J	R	W	Q	B	U	R	I	R	B	L	U	D	N	L	U
Z	G	Ø	S	K	J	E	O	W	D	B	X	V	I	L	S
K	G	Z	N	K	R	Y	D	D	E	R	L	K	L	U	Q
S	E	L	I	N	O	I	I	U	T	A	L	A	S	N	Z
I	S	L	O	T	S	D	R	I	K	K	V	A	W	S	B
F	H	C	N	W	D	A	G	J	U	D	H	J	B	J	G
W	M	N	L	E	J	L	K	K	R	C	F	I	F	H	M
W	D	F	J	G	R	T	L	E	F	F	A	G	J	O	W
Q	V	L	V	L	D	Y	D	V	R	K	Z	U	O	Q	J
T	V	X	I	U	N	D	X	J	O	D	X	E	U	T	O

KAKE
MIDDAG
DRIKK
EGG
FRUKT
GRØNNSAKER
DEILIG
IS
SKJE
LUNSJ
NUDLER
KELNER
SALAT
SUPPE
KRYDDER
STOL
FISK
GAFFEL
VANN
SALT

34 - De Media

F	I	G	M	I	R	L	D	P	O	U	N	D	Y	D	K
I	N	Q	T	E	J	N	B	Z	F	T	C	G	R	A	O
N	D	Y	Y	J	N	W	L	E	F	D	Z	F	K	J	M
A	U	I	T	T	O	I	M	Z	E	A	T	K	A	F	M
N	S	J	G	E	J	P	N	L	N	N	C	C	J	R	E
S	T	Z	R	T	S	P	G	G	T	N	L	H	L	E	R
I	R	W	D	V	A	A	I	T	L	I	Z	E	F	N	S
E	I	N	I	H	K	W	V	P	I	N	N	U	H	I	I
R	A	G	G	J	I	A	H	I	G	G	G	X	S	S	E
I	E	N	I	L	N	O	R	E	S	N	O	N	N	A	L
N	V	L	T	K	U	T	Y	U	F	E	A	Q	S	G	L
G	A	P	A	J	M	P	T	G	Y	A	R	W	V	A	T
N	G	R	L	K	M	N	E	T	T	V	E	R	K	M	Z
E	T	A	T	C	O	R	A	D	I	O	H	J	J	D	L
P	U	Z	E	F	K	L	I	N	D	I	V	I	D	T	X
I	N	T	E	L	L	E	K	T	U	E	L	L	K	M	E

ANNONSER
KOMMERSIELL
KOMMUNIKASJON
DIGITALT
UTGAVE
FAKTA
FINANSIERING
INDIVID
INDUSTRI
INTELLEKTUELL
AVISER
LOKAL
MENING
NETTVERK
UTDANNING
ONLINE
OFFENTLIG
RADIO
TV
MAGASINER

35 - Bijen

D	U	H	C	Z	P	V	D	G	Ø	I	P	J	B	R	Q
H	Q	H	M	E	O	O	R	S	K	N	I	R	L	S	T
Y	L	A	K	D	L	K	O	S	O	S	A	K	O	B	Z
R	V	B	O	V	L	S	N	W	S	E	A	P	M	J	N
D	Z	I	V	Y	E	C	N	Y	Y	K	P	X	S	Y	S
L	O	T	A	M	N	I	I	Z	S	T	J	H	T	B	L
R	H	A	C	F	X	C	N	R	T	Q	O	G	R	I	P
C	I	T	M	X	R	M	G	Q	E	U	J	X	E	K	S
H	A	G	E	F	E	U	Z	W	M	G	N	C	S	U	V
V	B	V	D	A	T	E	K	P	C	N	N	Z	O	B	E
O	N	F	Q	S	S	R	M	T	T	I	R	I	L	E	R
R	Z	S	V	L	M	Z	M	J	Z	N	P	A	V	V	M
D	L	R	K	E	O	R	O	T	A	N	I	L	L	O	P
K	C	K	Ø	P	L	B	V	D	L	O	F	G	N	A	M
W	A	E	S	Y	B	D	B	A	E	H	P	F	D	H	D
R	B	A	A	C	K	G	U	N	S	T	I	G	C	C	C

POLLINATOR
BIKUBE
BLOMSTER
BLOMSTRE
MANGFOLD
ØKOSYSTEM
FRUKT
HABITAT
HONNING
INSEKT

DRONNING
RØYK
POLLEN
HAGE
VINGER
MAT
GUNSTIG
VOKS
SOL
SVERM

36 - Wandelen

S	P	R	O	B	H	J	H	K	Y	P	L	T	B	Y	U
W	W	I	J	F	P	A	R	K	E	R	P	C	U	D	N
K	A	R	T	U	C	E	T	L	Z	M	I	H	G	N	X
O	L	R	I	G	B	Q	N	O	T	C	Y	I	O	K	G
B	K	X	N	N	U	F	I	W	P	V	D	G	M	K	Y
K	W	R	M	I	I	D	Z	N	X	P	O	Z	G	L	V
M	Y	M	C	R	E	N	I	E	T	S	M	G	H	I	K
F	O	R	B	E	R	E	D	E	L	S	E	Ø	I	M	J
P	K	V	M	T	M	E	D	P	O	P	R	T	T	A	U
E	P	L	T	N	B	R	T	P	S	W	O	R	V	E	N
I	W	I	O	E	K	Z	M	I	X	S	B	Ø	D	Y	R
C	A	M	P	I	N	G	R	L	V	A	O	T	Z	M	W
Q	P	G	N	R	A	H	W	K	O	Y	B	T	O	L	Y
P	D	P	N	O	Z	R	E	F	J	E	L	L	L	I	V
T	A	N	A	T	U	R	S	E	C	E	R	Q	K	J	V
S	T	Ø	V	L	E	R	F	A	R	E	R	L	N	U	I

FJELL
DYR
FARER
KART
CAMPING
KLIPPE
KLIMA
STØVLER
TRØTT
MYGG
NATUR
ORIENTERING
PARKER
STEINER
TOPPMØTE
FORBEREDELSE
VANN
VILL
SOL
TUNG

37 - Ecologie

W	G	A	Y	U	W	R	M	O	M	D	W	V	K	Q	M
P	I	U	E	R	E	Y	A	V	T	F	K	G	T	G	A
P	L	A	N	T	E	R	N	E	W	L	Z	G	B	L	R
Z	R	P	N	W	L	F	G	R	U	T	A	N	Æ	O	I
W	U	T	Ø	R	K	E	F	L	Y	V	M	F	R	B	N
O	T	R	A	X	P	J	O	E	J	M	I	R	E	A	E
U	A	F	A	U	N	A	L	V	U	X	L	I	K	L	K
A	N	B	R	J	N	O	D	E	M	C	K	V	R	B	O
E	L	S	O	X	Y	I	K	L	A	N	E	I	A	L	V
G	M	P	L	F	D	D	Q	S	A	M	Y	L	F	M	D
A	W	Z	F	I	A	C	A	E	T	P	Z	L	T	G	N
V	E	G	E	T	A	S	J	O	N	F	J	I	I	T	E
U	U	G	S	M	X	L	G	H	J	V	U	G	G	G	L
G	N	P	K	X	Q	V	X	A	T	V	D	E	Q	H	Q
W	H	A	B	I	T	A	T	S	A	M	F	U	N	N	W
F	J	E	L	L	O	R	L	M	S	R	U	C	I	P	S

FJELL
MANGFOLD
TØRKE
BÆREKRAFTIG
FAUNA
FLORA
SAMFUNN
GLOBAL
HABITAT
KLIMA
MARINE
MYR
NATUR
NATURLIG
OVERLEVELSE
PLANTER
ART
VEGETASJON
FRIVILLIGE

38 - Biologie

B	G	X	V	M	W	A	O	D	A	A	D	F	Q	U	M
M	I	F	G	U	E	S	E	T	N	Y	S	O	T	O	F
Q	L	I	M	T	X	A	Z	H	A	F	F	J	B	H	C
K	R	R	S	A	F	D	M	U	T	T	F	S	N	U	U
H	U	P	M	S	S	X	S	A	O	Q	K	Y	I	O	V
P	T	Q	P	J	O	E	S	O	M	S	O	N	G	S	Å
N	A	N	C	O	K	K	N	J	I	R	L	A	I	P	N
V	N	O	J	N	W	Q	M	Z	M	J	L	P	D	I	D
S	E	J	L	O	E	L	K	O	Y	E	A	S	L	C	E
F	V	S	Y	M	B	I	O	S	E	M	G	E	T	E	D
N	R	U	M	R	E	T	O	E	S	N	E	D	E	L	R
I	O	L	O	O	O	P	B	Q	V	E	N	U	J	L	E
K	N	O	A	H	Y	E	N	E	R	V	E	R	G	E	T
J	U	V	J	T	V	R	K	R	O	M	O	S	O	M	T
N	I	E	T	O	R	P	P	A	T	T	E	D	Y	R	D
B	A	G	R	E	M	B	R	Y	O	B	T	Y	T	R	S

ÅNDEDRETT
ANATOMI
CELLE
KROMOSOM
KOLLAGEN
PROTEIN
EMBRYO
ENZYM
EVOLUSJON
FOTOSYNTESE
HORMON
MUTASJON
NATURLIG
NEVRON
OSMOSE
REPTIL
SYMBIOSE
SYNAPSE
NERVE
PATTEDYR

39 - Landen #1

W	K	N	E	J	A	N	V	J	I	K	E	J	R	S	L
G	A	I	S	V	M	H	E	L	I	H	C	J	O	P	C
T	M	C	K	J	A	I	G	L	E	B	J	M	M	A	H
W	B	A	G	R	M	L	Y	V	O	S	M	T	A	N	E
N	O	R	H	N	T	Y	P	Z	H	P	Y	J	N	I	I
A	D	A	R	G	I	Q	T	X	T	C	U	L	I	A	J
R	S	G	D	V	R	X	I	T	A	L	I	A	A	M	P
K	J	U	U	N	A	Y	G	K	E	D	N	G	P	N	A
M	A	A	J	Y	K	I	B	R	I	N	A	E	S	W	N
W	A	I	V	T	A	L	V	H	S	A	L	N	A	F	A
E	G	R	O	N	N	S	X	Y	H	L	I	E	A	B	M
B	V	S	O	B	R	A	S	I	L	K	B	S	K	C	A
K	K	F	L	K	G	U	X	L	T	S	Y	K	K	T	W
S	P	L	Q	S	K	E	U	Y	D	Y	A	U	J	H	Q
I	S	R	A	E	L	O	I	G	Q	T	B	B	F	C	K
L	G	S	Z	S	E	C	Y	R	Z	D	M	S	P	D	Q

BELGIA
BRASIL
KAMBODSJA
CANADA
CHILE
TYSKLAND
EGYPT
IRAK
ISRAEL
ITALIA
LATVIA
LIBYA
MAROKKO
NICARAGUA
NORGE
PANAMA
POLEN
ROMANIA
SENEGAL
SPANIA

40 - Installaties

F	F	B	P	P	S	T	X	N	A	L	S	B	L	U	S
S	L	Z	Ø	K	T	K	Y	T	K	Ø	V	O	H	Q	F
U	R	O	T	N	A	S	O	C	R	V	B	T	P	I	V
G	K	Z	R	X	N	S	B	G	H	V	F	A	I	O	F
X	I	J	U	A	V	E	T	U	R	E	D	N	I	O	L
H	V	B	C	W	F	R	Æ	B	X	R	K	I	B	Z	P
E	D	A	S	V	D	G	A	N	V	K	G	K	N	H	X
H	Q	M	Z	H	Z	M	M	O	S	E	X	K	H	A	V
V	R	B	S	X	Q	O	X	J	B	L	O	M	S	T	T
B	F	U	G	D	H	J	C	S	B	F	C	W	F	U	M
L	T	S	J	J	E	O	A	A	E	P	R	M	D	L	F
A	V	U	Ø	V	X	V	K	T	F	T	O	A	M	L	B
D	M	T	D	H	A	G	E	E	Ø	T	T	C	P	J	U
Z	R	K	S	B	F	M	Q	G	Y	R	O	M	P	O	S
U	K	A	E	G	E	Q	Q	E	S	E	R	G	H	W	K
N	M	K	L	Q	T	L	D	V	C	O	W	H	K	J	W

BAMBUS
BÆR
BLAD
BLOMST
TRE
BØNNE
SKOG
KAKTUS
FLORA
LØVVERK
GRESS
EFØY
URT
GJØDSEL
MOSE
BOTANIKK
BUSK
HAGE
VEGETASJON
ROT

41 - Agronomie

M	H	S	D	B	Q	F	V	I	T	E	N	S	K	A	P
I	U	Y	I	Æ	G	E	O	L	A	N	D	B	R	U	K
L	Z	K	B	R	U	F	K	R	T	P	U	M	P	P	F
J	F	D	S	E	T	U	V	A	S	Q	U	C	D	H	K
Ø	N	O	W	K	L	N	I	Y	K	K	K	P	K	L	X
R	I	M	F	R	M	K	U	P	E	S	N	N	A	V	X
F	J	M	G	A	M	A	S	K	V	I	O	I	C	U	G
N	Q	E	X	F	G	I	B	R	L	N	J	G	N	G	R
L	G	R	W	T	A	M	S	F	R	A	S	O	O	G	Ø
M	A	S	W	I	B	Z	Y	I	X	G	K	L	J	I	N
I	Z	T	R	G	N	O	S	T	U	R	U	O	S	L	N
G	J	Ø	D	S	E	L	T	N	G	O	D	K	O	D	S
R	F	I	G	H	E	R	E	B	H	C	O	Ø	R	N	A
E	B	W	X	R	P	P	M	M	N	I	R	M	E	A	K
N	R	F	N	M	F	R	E	X	J	W	P	J	Z	L	E
E	G	N	I	S	N	E	R	U	R	O	F	N	Q	A	R

BÆREKRAFTIG
ØKOLOGI
ENERGI
EROSJON
VEKST
GRØNNSAKER
LANDBRUK
LANDLIG
GJØDSEL
MILJØ
FORSKNING
ORGANISK
PRODUKSJON
SYSTEMER
FORURENSING
MAT
VANN
VITENSKAP
FRØ
SYKDOMMER

42 - Oceaan

U	G	N	Y	C	S	X	Z	U	K	X	L	H	S	K	T
E	K	S	I	F	H	T	R	Z	V	M	L	A	T	O	I
I	R	L	B	D	T	G	Y	A	Z	Y	Q	I	O	R	D
Z	A	Q	K	R	K	O	E	Å	A	X	R	P	R	A	E
M	B	S	V	A	M	P	H	L	C	R	E	V	M	L	V
A	B	Y	I	M	R	B	F	V	F	S	J	K	M	L	A
N	E	O	D	F	T	U	L	Y	A	U	Q	O	E	Q	N
E	W	Z	V	W	J	V	K	E	A	L	O	O	I	R	N
T	Å	B	T	N	E	Y	G	Y	K	G	Y	Z	C	G	I
L	G	K	U	F	E	N	R	N	P	K	X	H	I	E	F
A	S	N	N	P	L	I	H	M	S	S	S	Q	K	I	L
S	N	P	F	J	O	X	G	X	Z	H	A	P	H	F	E
X	F	U	I	G	O	O	O	J	C	A	L	V	R	L	D
H	K	V	S	R	E	T	S	Ø	C	P	G	L	B	U	Y
S	W	R	K	Q	K	L	L	G	H	S	E	V	O	T	T
S	K	I	L	P	A	D	D	E	U	G	R	K	N	T	S

ÅL
ALGER
BÅT
DELFIN
REKE
TIDEVANN
HAI
KORALL
KRABBE
MANET
BLEKKSPRUT
ØSTERS
REV
SKILPADDE
SVAMP
STORM
TUNFISK
FISK
HVAL
SALT

43 - Landen #2

G	O	V	O	W	O	Z	L	S	S	B	Q	M	P	T	D
R	E	P	C	B	E	M	I	Q	J	P	W	M	J	D	B
V	V	N	V	J	D	B	B	N	A	V	N	A	V	E	X
H	S	F	C	G	V	M	E	N	W	H	K	C	T	Q	N
E	G	R	W	N	G	I	R	A	Q	D	O	X	V	M	W
L	U	A	Q	O	P	T	I	P	V	I	B	Q	U	U	X
L	N	N	F	N	C	E	A	P	V	B	D	M	X	B	B
A	E	K	S	A	A	I	R	E	G	I	N	A	P	A	J
S	P	R	O	B	Y	P	X	Z	A	U	A	E	M	D	A
M	A	I	M	I	N	O	E	E	L	K	L	T	A	N	E
S	L	K	A	L	E	D	A	N	M	A	R	K	L	A	H
L	B	E	L	G	K	U	T	Z	E	H	I	L	A	G	C
D	A	N	I	A	R	K	U	S	Y	R	I	A	Y	U	D
J	S	O	A	R	U	S	S	L	A	N	D	P	S	A	L
M	L	M	S	I	N	D	O	N	E	S	I	A	I	G	X
E	T	I	O	P	I	A	M	N	T	V	Q	W	A	B	I

DANMARK
ETIOPIA
FRANKRIKE
HELLAS
IRLAND
INDONESIA
JAPAN
KENYA
LAOS
LIBANON
LIBERIA
MALAYSIA
MEXICO
NEPAL
NIGERIA
UGANDA
UKRAINA
RUSSLAND
SOMALIA
SYRIA

44 - Bloemen

M	D	L	Ø	V	E	T	A	N	N	K	K	J	V	L	X
I	A	I	R	E	M	U	L	P	D	T	L	A	G	E	K
U	L	G	O	H	N	O	C	E	E	Y	D	Ø	C	D	P
O	B	Z	N	A	P	I	L	U	T	W	Q	L	V	N	W
S	N	E	S	O	R	H	B	M	V	K	N	I	V	E	O
U	O	J	B	A	L	A	A	L	S	É	A	P	S	V	R
L	R	L	Z	S	A	I	G	A	R	D	E	N	I	A	Y
I	K	I	Z	H	Q	Z	A	V	H	I	V	I	O	L	P
L	Y	L	B	U	K	E	T	T	E	K	K	M	H	E	S
J	D	E	S	U	Q	B	N	N	E	R	A	S	D	D	P
E	J	K	D	E	U	O	L	G	X	O	K	A	Z	U	S
V	P	S	U	K	S	I	B	I	H	I	Q	J	Z	Q	Q
S	F	Å	T	U	S	E	N	F	R	Y	D	S	S	R	H
A	M	P	P	A	S	J	O	N	S	B	L	O	M	S	T
R	X	F	E	Y	Y	R	S	O	L	S	I	K	K	E	W
T	R	M	G	F	E	J	V	R	F	J	A	F	S	D	H

KRONBLAD
BUKETT
GARDENIA
HIBISKUS
SJASMIN
KLØVER
LAVENDEL
LILJE
TUSENFRYD
MAGNOLIA
PÅSKELILJE
ORKIDÉ
LØVETANN
VALMUE
PASJONSBLOMST
PEON
PLUMERIA
ROSE
TULIPAN
SOLSIKKE

45 - Landschappen

I	U	V	W	B	Z	L	I	U	X	W	T	J	W	S	M
M	N	Z	O	M	K	Y	J	N	E	Z	A	M	J	B	Z
L	Y	J	P	C	N	Z	Y	G	N	E	D	Q	F	L	Z
X	F	D	G	Y	I	P	E	J	P	S	P	Z	W	A	B
L	Y	K	W	N	C	A	B	P	X	P	J	S	D	H	U
V	C	D	V	C	K	R	U	G	Q	J	P	Ø	F	W	W
Z	G	N	E	K	R	Ø	T	U	N	D	R	A	V	W	J
U	V	A	H	A	L	V	Ø	Y	F	O	J	L	U	M	O
X	X	R	I	S	Y	E	G	D	A	L	E	D	L	H	F
Y	O	T	S	S	O	F	L	U	G	A	V	K	K	J	O
W	E	S	F	Å	X	F	R	Ø	Y	E	V	K	A	L	A
O	N	H	J	N	U	J	S	U	M	P	U	X	N	A	N
F	Q	S	E	I	S	E	L	U	H	D	X	G	V	H	X
W	J	V	L	E	Q	L	S	F	C	Y	S	B	M	F	R
C	K	X	L	V	Q	L	A	A	I	S	B	R	E	T	Q
K	J	W	J	H	Z	V	Q	B	O	N	S	J	W	S	U

FJELL
ØY
GEYSIR
ISBRE
GULF
HULE
ÅS
ISFJELL
INNSJØ
SUMP
OASE
ELV
HALVØY
STRAND
TUNDRA
DAL
VULKAN
FOSS
ØRKEN
HAV

46 - Tuin

T	T	N	E	B	E	Y	Ø	K	E	G	N	E	H	K	F
R	D	Y	R	R	Y	H	U	Y	Q	A	N	H	P	Q	U
E	D	R	E	J	G	B	C	H	B	R	R	T	N	X	K
T	I	S	X	U	H	T	D	E	D	A	P	S	X	K	G
T	A	Q	N	K	L	W	I	G	D	S	L	L	T	J	N
A	R	X	U	G	R	E	S	S	Y	J	K	A	X	S	T
C	Z	A	E	F	J	N	S	M	M	E	S	N	A	P	E
U	Q	S	M	C	H	U	E	Y	X	K	R	G	E	K	R
R	W	W	G	P	P	R	R	A	P	A	B	E	G	B	R
V	X	B	Y	B	O	L	G	E	Z	R	L	B	A	T	A
V	G	U	K	W	U	L	E	N	G	T	O	T	H	U	S
J	D	S	S	Q	M	T	I	N	X	R	M	H	T	J	S
W	E	K	E	N	N	W	T	N	L	E	S	L	K	D	E
H	A	G	E	X	X	I	M	P	E	U	T	X	U	O	B
V	I	N	T	R	E	E	T	K	A	D	N	A	R	E	V
Q	Q	L	L	H	D	A	M	J	P	L	O	J	F	J	H

BENK
BLOMST
TRE
FRUKTHAGE
GARASJE
PLEN
GRESS
HENGEKØYE
RAKE
GJERDE

UGRESS
SPADE
SLANGE
BUSK
TERRASSE
TRAMPOLINE
HAGE
VERANDA
DAM
VINTREET

47 - Beroepen #2

A	B	D	N	I	B	I	B	L	I	O	T	E	K	A	R
J	S	O	G	E	L	J	H	X	P	K	O	F	D	P	E
U	M	T	N	R	G	L	C	Q	C	V	L	O	E	Z	R
C	M	B	R	D	R	W	U	S	P	H	I	R	T	T	Æ
N	A	J	V	O	E	W	T	S	K	P	P	S	E	T	L
S	U	L	V	W	N	E	X	C	T	R	R	K	K	S	I
G	E	F	Q	M	T	A	O	R	S	R	F	E	T	I	N
M	A	L	E	R	R	F	U	X	I	T	A	R	I	L	G
C	B	Y	Y	Q	A	M	N	T	V	A	R	T	V	A	E
D	M	M	V	J	G	E	G	K	G	N	G	K	Ø	N	N
F	I	L	O	S	O	F	O	I	N	N	O	I	F	R	I
W	W	A	N	R	L	D	I	Z	I	L	T	R	C	U	Ø
D	D	U	K	O	O	N	V	J	L	E	O	U	B	O	R
O	X	J	Q	F	I	O	F	W	C	G	F	R	B	J	E
L	E	G	E	Y	B	S	V	V	I	E	H	G	L	Q	X
O	P	P	F	I	N	N	E	R	C	M	O	Z	K	Q	A

LEGE
ASTRONAUT
BIBLIOTEKAR
BIOLOG
BONDE
KIRURG
DETEKTIV
FILOSOF
FOTOGRAF
ILLUSTRATØR
INGENIØR
JOURNALIST
LÆRER
LINGVIST
FORSKER
PILOT
MALER
TANNLEGE
GARTNER
OPPFINNER

48 - Dagen en Maanden

O	N	S	D	A	G	F	V	Z	B	G	C	M	S	H	O
G	P	N	U	G	A	R	I	H	R	S	O	A	J	N	P
E	M	Å	N	E	D	E	M	K	M	N	B	N	T	X	C
W	W	R	H	J	N	D	F	I	D	J	N	D	J	D	K
P	V	E	N	D	Ø	A	G	P	C	N	A	A	L	X	W
L	L	I	Q	Q	S	G	N	Y	I	P	G	G	P	X	N
Q	P	K	X	L	G	S	J	V	W	Q	K	W	V	O	R
A	J	U	N	I	Ø	S	W	F	Z	J	F	Y	W	H	E
U	R	G	X	D	G	R	E	D	N	E	L	A	K	O	B
G	A	D	S	R	O	T	D	X	W	J	Q	H	V	D	M
U	U	Å	A	A	E	M	E	A	R	L	K	T	J	B	E
S	N	R	J	U	K	B	A	K	G	A	D	S	R	I	T
T	A	X	O	R	U	B	O	R	C	I	O	R	D	L	P
M	J	S	X	B	Y	B	A	T	S	X	I	K	C	U	E
R	E	B	M	E	V	O	N	W	K	K	E	D	A	J	S
V	S	J	V	F	M	U	H	A	P	O	O	P	W	J	O

AUGUST
TIRSDAG
TORSDAG
FEBRUAR
ÅR
JANUAR
JULI
JUNI
KALENDER
MÅNED
MANDAG
MARS
NOVEMBER
OKTOBER
SEPTEMBER
FREDAG
UKE
ONSDAG
LØRDAG
SØNDAG

49 - Beeldende Kunsten

P	R	S	N	K	L	V	I	T	K	E	P	S	R	E	P
P	R	A	A	J	J	A	K	Z	R	B	X	K	F	G	C
M	P	M	L	I	F	Q	K	G	E	Y	G	O	L	G	X
L	I	M	S	V	I	I	I	K	A	J	O	V	C	N	A
E	S	E	G	H	R	F	M	T	T	E	R	T	R	O	P
I	S	N	R	X	H	K	A	X	I	U	W	C	Q	L	T
R	T	S	K	F	Q	I	R	H	V	K	R	C	O	B	S
E	C	E	H	I	M	X	E	W	I	K	U	O	L	A	N
V	Z	T	J	B	J	R	K	D	T	N	T	L	N	J	O
I	I	N	M	P	K	A	N	N	E	P	K	U	L	S	I
N	Q	I	K	R	E	V	R	E	T	S	E	M	K	I	J
Q	N	N	A	R	T	I	S	T	K	M	T	F	F	K	Y
K	N	G	S	K	U	L	P	T	U	R	I	Q	B	V	M
K	R	I	T	T	B	L	Y	A	N	T	K	N	Y	R	L
I	X	W	S	T	A	F	F	E	L	I	R	E	L	A	M
R	T	V	Y	C	Q	C	Z	P	J	P	A	K	I	X	P

ARKITEKTUR
ARTIST
SKULPTUR
KREATIVITET
STAFFELI
FILM
KULL
KERAMIKK
LEIRE
KRITT
MESTERVERK
PENN
PERSPEKTIV
PORTRETT
BLYANT
SAMMENSETNING
MALERI
SJABLONG
LAKK
VOKS

50 - Mode

M	J	F	F	O	T	S	X	O	B	R	H	J	B	S	N
E	O	U	Z	B	R	E	P	P	A	N	K	P	E	T	K
O	D	D	B	R	E	D	N	O	L	B	O	R	S	I	O
M	R	L	E	K	N	E	Y	B	L	D	J	A	K	L	M
I	E	I	F	R	D	R	V	R	H	G	K	K	J	B	F
N	T	R	G	T	N	Q	F	I	U	V	K	T	E	T	O
I	S	E	M	I	F	E	J	M	W	T	Y	I	D	E	R
M	N	D	K	T	N	A	G	E	L	E	S	S	E	U	T
A	Ø	O	U	R	I	A	I	L	G	Z	A	K	N	Q	A
L	M	R	N	Y	A	C	L	I	P	Z	A	Y	E	I	B
I	Q	B	E	D	O	P	U	G	K	L	Æ	R	C	T	E
S	M	G	J	B	H	L	F	X	S	C	T	X	Q	U	L
T	Y	F	U	L	R	A	E	R	A	K	G	J	Z	O	S
I	P	E	X	S	C	K	U	S	B	W	R	B	J	B	N
S	I	J	J	V	G	K	V	C	I	S	C	P	D	J	M
K	P	G	Q	D	K	C	O	B	B	Y	Q	T	M	X	J

BESKJEDEN
RIMELIG
BRODERI
KOMFORTABEL
DYRT
ENKEL
ELEGANT
BLONDER
KLÆR
KNAPPER
MINIMALISTISK
MODERNE
ORIGINAL
MØNSTER
PRAKTISK
STIL
STOFF
TEKSTUR
TREND
BOUTIQUE

51 - Tuinieren

V	G	V	I	O	Z	L	D	A	Z	K	B	F	N	B	S
S	M	L	V	Y	E	R	O	O	L	F	L	U	E	L	R
K	K	G	H	Q	B	E	R	Y	J	A	O	K	A	A	V
X	W	I	D	D	R	O	J	C	W	H	M	T	D	D	P
W	N	S	T	G	Q	H	T	D	J	S	S	I	B	T	U
C	S	S	S	T	Y	N	N	A	V	W	T	G	B	B	R
J	P	E	O	S	T	C	N	K	N	D	R	H	T	B	U
V	P	M	P	W	R	E	G	S	E	I	E	E	M	E	R
F	Y	G	M	K	V	A	M	I	L	K	S	T	T	H	E
W	P	N	O	G	Q	I	O	T	L	R	M	K	R	O	T
J	F	O	K	K	A	Y	S	O	S	E	G	N	A	L	S
B	V	S	U	X	I	K	N	S	G	V	S	J	L	D	M
C	O	E	L	D	K	C	C	K	I	V	L	I	H	E	O
R	R	S	Z	O	Z	S	K	E	U	Ø	R	F	P	R	L
F	R	U	K	T	H	A	G	E	D	L	B	I	H	S	B
G	X	S	B	U	K	E	T	T	A	D	O	O	W	Y	F

BLAD
BLOMSTER
BLOMSTRE
JORD
BUKETT
FRUKTHAGE
BOTANISK
KOMPOST
BEHOLDER
SPISELIG
EKSOTISK
LØVVERK
KLIMA
SESONGMESSIG
SLANGE
ART
FUKTIGHET
SKITT
VANN
FRØ

52 - Menselijk Lichaam

X	B	Y	H	E	U	Z	D	H	H	R	W	K	H	Z	X
S	U	X	A	U	H	I	X	O	A	Y	C	N	I	E	B
W	Q	V	L	B	L	O	D	D	K	V	D	E	N	I	L
S	D	I	S	E	Q	Y	R	E	E	E	B	U	O	U	R
D	H	J	E	R	T	E	C	F	Q	B	S	B	X	Ø	M
T	U	N	G	E	H	Å	N	D	I	Q	G	L	A	R	H
N	R	S	M	V	W	U	Z	Y	L	A	E	A	Y	E	Q
Q	E	N	R	E	J	H	H	P	U	K	U	P	B	K	J
B	G	S	N	J	S	B	T	V	F	C	G	C	C	S	A
F	N	L	E	K	N	A	X	Q	T	D	G	K	B	E	O
G	I	O	G	N	Y	Q	N	D	U	Z	O	Q	X	R	T
Y	F	B	A	U	Y	S	L	P	R	U	Y	V	L	J	C
A	I	R	B	I	Z	O	J	M	J	G	H	A	U	H	F
P	O	A	R	A	B	U	K	X	A	G	U	I	J	N	Z
S	K	U	L	D	E	R	L	A	O	G	D	U	O	H	Z
F	R	C	M	I	I	Q	C	N	Y	Y	E	I	U	I	A

BEIN
BLOD
ALBUE
ANKEL
HÅND
HJERTE
HJERNE
HODE
HUD
KJEVE
HAKE
KNE
MAGE
MUNN
HALS
NESE
ØRE
SKULDER
TUNGE
FINGER

53 - Energie

L	M	K	M	F	I	C	A	K	N	O	T	O	F	W	D
E	D	J	C	Q	A	H	X	C	I	U	L	J	K	N	I
R	G	X	M	I	L	J	Ø	V	B	R	K	J	Z	B	E
J	I	F	Q	I	M	M	V	T	R	R	V	L	U	J	S
A	W	L	J	S	V	O	D	E	U	V	P	E	E	J	E
E	N	T	R	O	P	I	T	N	T	I	K	S	M	Æ	L
H	L	H	F	X	L	X	O	O	I	N	A	N	R	W	R
Y	J	C	I	M	R	N	E	R	R	D	R	E	A	N	U
D	O	P	Y	D	I	R	E	T	T	A	B	R	V	J	H
R	K	C	N	H	A	J	T	K	S	L	O	B	M	M	O
O	P	W	D	I	M	M	E	E	U	B	N	M	N	H	N
G	D	B	O	D	C	F	P	L	D	V	R	J	X	D	W
E	V	R	P	S	V	T	F	E	N	I	S	N	E	B	N
N	D	Z	R	W	R	Q	K	S	I	R	T	K	E	L	E
K	F	O	R	U	R	E	N	S	I	N	G	T	D	K	A
R	P	T	S	F	O	R	N	Y	B	A	R	F	B	Z	D

BATTERI
BENSIN
BRENSEL
DIESEL
ELEKTRISK
ELEKTRON
ENTROPI
FOTON
FORNYBAR
INDUSTRI
KARBON
MOTOR
NUKLEÆR
MILJØ
DAMP
TURBIN
FORURENSING
VARME
HYDROGEN
VIND

54 - Gebouwen

L	T	M	N	A	T	F	A	B	R	I	K	K	L	S	X
L	E	U	I	G	K	I	N	O	D	C	S	A	A	Y	R
E	T	I	H	N	Å	K	S	L	Y	L	U	M	B	K	A
T	I	R	L	O	Y	R	A	W	Z	T	W	D	O	E	W
O	S	O	P	I	N	W	D	Z	S	T	T	S	R	H	K
H	R	T	O	D	G	O	R	W	L	U	J	H	A	U	M
U	E	A	M	A	U	H	M	U	O	A	D	J	T	S	D
Z	V	V	U	T	N	A	E	I	T	M	I	N	O	T	A
X	I	R	S	S	L	D	X	T	T	B	E	A	R	H	N
W	N	E	E	T	T	Y	H	L	W	A	S	I	I	X	M
M	U	S	U	C	E	K	D	E	B	S	V	P	U	O	J
H	S	B	M	S	V	A	Y	T	K	S	T	F	M	T	W
R	B	O	L	K	Å	B	T	S	N	A	Å	C	Q	C	C
M	N	M	U	O	L	Z	B	E	F	D	R	L	K	U	T
F	O	X	B	L	E	Y	A	P	R	E	N	N	W	Q	M
A	S	Q	D	E	K	R	A	M	R	E	P	U	S	H	C

AMBASSADE
LEILIGHET
KINO
GÅRD
HYTTE
FABRIKK
HOTELL
SLOTT
LABORATORIUM
MUSEUM
OBSERVATORIUM
SKOLE
LÅVE
STADION
SUPERMARKED
TELT
TEATER
TÅRN
UNIVERSITET
SYKEHUS

55 - Kunst

S	C	O	T	B	Y	T	B	I	S	E	H	I	S	T	S
K	K	K	Y	R	T	T	U	A	G	K	I	K	H	Y	A
O	X	I	E	E	U	J	F	I	T	M	A	G	G	M	M
P	L	U	L	E	K	N	E	F	Q	Z	K	P	X	P	M
V	O	L	K	D	S	M	N	I	Q	Y	O	J	E	E	E
I	B	E	G	K	R	X	M	G	I	L	R	Æ	X	R	N
S	M	T	S	S	E	E	E	U	A	C	R	L	N	S	S
U	Y	P	D	I	I	Q	Z	R	Ø	M	U	H	K	O	E
E	S	D	S	M	R	K	X	K	O	M	P	V	K	N	T
L	K	N	E	A	E	G	G	M	R	A	G	H	O	L	N
L	Z	N	O	R	L	A	N	I	G	I	R	O	M	I	I
S	U	R	R	E	A	L	I	S	M	E	E	W	P	G	N
M	V	W	L	K	M	N	D	G	V	W	F	S	L	A	G
I	N	S	P	I	R	E	R	T	C	Z	U	A	E	D	T
O	Q	U	Y	S	K	U	L	P	T	U	R	Y	K	K	N
Z	P	I	G	W	B	Y	P	K	L	X	U	L	S	Z	L

SKULPTUR
KOMPLEKS
SKAPE
ENKEL
ÆRLIG
FIGUR
INSPIRERT
HUMØR
KERAMISK
EMNE

ORIGINAL
PERSONLIG
POESI
SKILDRE
SAMMENSETNING
MALERIER
SURREALISME
SYMBOL
UTTRYKK
VISUELL

56 - Beroepen #1

A	R	Ø	R	L	E	G	G	E	R	Z	B	Y	O	A	J
M	M	G	U	L	L	S	M	E	D	L	R	Y	J	O	E
U	J	B	B	D	X	I	K	Q	C	O	E	G	A	P	G
S	Y	F	A	R	G	O	T	R	A	K	I	G	M	F	E
I	X	X	T	S	I	N	A	I	P	U	E	Y	E	A	R
K	T	Q	S	N	S	L	F	D	R	I	L	G	R	R	E
E	Y	X	O	A	U	A	L	U	Y	K	P	O	Ø	M	I
R	E	K	S	R	O	F	D	O	N	T	E	L	T	A	K
A	D	V	O	K	A	T	U	Ø	W	P	K	O	K	S	N
A	S	T	R	O	N	O	M	G	R	V	Y	E	A	Ø	A
G	W	X	G	B	J	X	W	V	U	E	S	G	D	Y	B
Z	V	G	A	Z	G	B	X	A	N	W	S	N	E	T	C
B	T	R	Y	V	N	T	T	D	I	V	C	N	R	F	F
K	H	K	P	S	Y	K	O	L	O	G	W	U	A	Y	A
V	E	T	E	R	I	N	Æ	R	O	S	G	A	J	D	W
K	K	P	A	E	A	U	C	P	E	Z	O	F	T	L	R

ADVOKAT
AMBASSADØR
FARMASØYT
ASTRONOM
ATLET
BANKIER
KARTOGRAF
DANSER
VETERINÆR
LEGE
REDAKTØR
GEOLOG
JEGER
GULLSMED
RØRLEGGER
MUSIKER
PIANIST
PSYKOLOG
SYKEPLEIER
FORSKER

57 - Antarctica

B	S	V	M	I	G	R	A	S	J	O	N	U	B	T	P
E	K	I	X	W	T	N	E	N	I	T	N	O	K	E	I
V	Y	T	O	S	M	I	L	J	Ø	S	L	N	Y	M	N
A	E	E	R	F	T	K	U	B	A	W	T	C	L	P	G
R	R	N	N	A	V	E	A	F	J	F	F	Q	S	E	V
I	E	S	N	O	J	S	I	D	E	P	S	K	E	R	I
N	M	K	T	I	B	S	P	N	D	E	C	Y	J	A	N
G	I	A	S	Y	K	S	V	V	E	E	A	Ø	A	T	E
Q	N	P	N	R	E	L	Y	R	S	T	H	V	O	U	R
A	E	E	R	Z	O	X	C	E	O	E	E	L	Z	R	E
F	R	L	J	M	I	F	G	E	O	G	R	A	F	I	M
Y	A	I	T	O	P	O	G	R	A	F	I	H	L	E	J
V	L	G	Z	D	K	H	Ø	B	Y	S	U	O	E	B	Z
C	E	S	E	Q	P	T	Y	S	M	P	S	I	Y	L	W
S	R	G	O	X	F	S	E	I	S	G	K	N	D	E	Z
Z	T	P	H	A	A	C	R	C	N	E	T	M	Z	U	N

BUKT
BEVARING
KONTINENT
ØYER
EKSPEDISJON
GEOGRAFI
ISBREER
IS
MIGRASJON
MINERALER
MILJØ
FORSKER
PINGVINER
STEINETE
HALVØY
TEMPERATUR
TOPOGRAFI
VANN
VITENSKAPELIG
SKYER

58 - Ballet

T	P	F	K	F	C	P	G	G	P	A	T	A	O	L	C
S	E	U	M	C	R	I	P	S	Ø	I	S	A	R	G	F
E	N	K	B	J	P	G	K	M	K	W	U	S	K	M	F
G	D	S	N	L	I	T	S	V	C	N	A	B	E	U	M
J	M	I	T	I	I	O	N	R	P	N	L	B	S	S	H
W	Y	R	S	M	K	K	N	G	N	I	P	G	T	K	Z
B	W	E	I	A	C	K	U	L	D	W	P	C	E	L	R
Q	U	N	N	N	D	X	J	M	C	F	A	W	R	E	H
V	R	T	O	I	T	D	A	N	S	E	R	E	W	R	V
A	G	S	P	R	T	E	H	G	I	D	R	E	F	L	X
T	H	N	M	E	J	F	N	I	E	N	J	M	B	B	A
I	U	U	O	L	U	T	A	S	I	S	K	A	R	P	R
L	V	K	K	L	F	E	S	O	I	M	U	S	I	K	K
N	Z	E	B	A	R	Y	T	M	E	T	Ø	V	I	N	G
R	J	B	F	B	I	F	A	R	G	O	E	R	O	K	L
U	T	T	R	Y	K	K	S	F	U	L	L	T	U	R	H

APPLAUS
KUNSTNERISK
BALLERINA
KOREOGRAFI
KOMPONIST
DANSERE
UTTRYKKSFULL
GEST
INTENSITET
MUSIKK
ORKESTER
PRAKSIS
PUBLIKUM
ØVING
RYTME
GRASIØS
MUSKLER
STIL
TEKNIKK
FERDIGHET

59 - Fruit

O	K	V	S	D	E	K	S	T	P	T	U	E	C	O	C
N	E	K	S	R	E	F	I	J	L	D	S	Q	X	R	O
L	W	J	I	U	A	M	T	T	O	K	C	R	Y	A	B
A	Z	B	W	E	E	E	R	A	M	M	O	Æ	S	N	S
Q	R	F	K	W	T	L	O	C	M	C	P	B	B	S	S
W	J	V	P	J	T	O	N	S	E	J	A	E	S	J	K
K	H	Z	C	R	Ø	N	K	S	O	Y	S	G	M	E	A
U	E	Q	M	N	N	I	R	A	T	K	E	N	Q	V	G
U	I	U	R	Q	S	U	P	N	F	C	I	I	B	E	M
U	P	E	Æ	R	O	A	O	A	B	B	Æ	R	D	K	A
X	E	I	B	W	K	V	B	N	P	W	M	B	P	X	N
P	Æ	R	E	E	O	P	N	A	N	A	B	K	I	A	G
D	Y	R	S	P	K	F	G	C	R	M	Y	V	I	U	O
P	A	U	R	L	Y	K	E	T	F	O	D	A	V	W	J
M	Z	Z	I	E	C	U	Z	T	X	R	B	X	D	O	I
O	D	A	K	O	V	A	X	Q	F	K	U	M	N	P	P

APRIKOS
ANANAS
EPLE
AVOKADO
BANAN
BÆR
SITRON
DRUE
BRINGEBÆR
KIRSEBÆR
KIWI
KOKOSNØTT
MANGO
MELON
NEKTARIN
ORANSJE
PAPAYA
PÆRE
FERSKEN
PLOMME

60 - Engineering

Y	W	X	S	S	X	D	W	E	D	B	Y	D	S	A	K
T	C	I	W	T	N	I	D	F	N	G	S	D	U	G	O
V	R	B	G	Y	S	E	X	O	X	E	E	O	R	N	W
A	Æ	Y	B	R	G	S	L	Å	M	A	R	G	A	I	D
H	P	S	Q	K	D	E	S	W	V	F	L	G	T	N	F
L	A	E	K	E	S	L	F	N	I	J	D	J	I	G	R
C	H	N	M	E	H	A	W	M	N	M	I	L	Y	E	I
F	R	E	M	D	R	I	F	T	K	A	A	P	B	R	K
M	I	E	I	B	I	I	T	B	E	S	M	W	E	E	S
N	O	J	S	A	T	O	R	O	L	K	E	Q	K	B	J
M	R	U	T	K	U	R	T	S	X	I	T	Q	H	N	O
F	N	L	V	U	A	N	M	T	W	N	E	M	X	C	N
S	T	A	B	I	L	I	T	E	T	Z	R	O	T	O	M
K	O	N	S	T	R	U	K	S	J	O	N	V	C	Z	Y
B	E	V	E	G	E	L	S	E	D	X	D	G	H	C	T
Y	K	U	D	C	V	T	T	J	M	E	W	A	T	N	U

AKSER
BEREGNING
BEVEGELSE
KONSTRUKSJON
DIAGRAM
DIAMETER
DYBDE
DIESEL
ENERGI
VINKEL
STYRKE
MASKIN
MÅL
MOTOR
ROTASJON
STABILITET
STRUKTUR
VÆSKE
FREMDRIFT
FRIKSJON

61 - Literatuur

V	T	V	V	E	V	A	F	D	Z	A	D	M	K	S	A
V	H	G	D	Z	T	N	C	O	R	G	I	O	T	L	N
K	M	N	F	U	U	E	Z	A	R	U	K	E	I	H	A
R	O	I	N	E	J	K	O	J	W	F	T	H	N	Z	L
E	G	N	Q	S	F	D	I	G	D	O	A	M	E	T	O
L	K	G	K	Y	H	O	R	R	I	K	O	T	M	D	G
L	S	I	K	L	H	T	X	S	A	S	H	G	T	S	I
E	X	L	C	A	U	E	T	T	L	X	T	J	Y	E	O
T	Y	N	V	N	T	S	U	I	O	T	H	M	R	E	R
R	A	E	I	A	E	A	J	L	G	N	I	N	E	M	O
O	O	M	H	F	P	I	G	O	P	O	E	T	I	S	K
F	Z	M	I	R	J	O	C	Q	N	R	A	Z	N	D	F
D	E	A	A	P	X	P	B	B	I	O	G	R	A	F	I
C	P	S	P	N	M	E	T	A	F	O	R	F	A	C	Y
R	U	N	R	O	B	E	S	K	R	I	V	E	L	S	E
T	R	A	G	E	D	I	E	T	P	Z	Z	H	I	W	W

ANALOGI
ANALYSE
ANEKDOTE
FORFATTER
BIOGRAFI
KONKLUSJON
DIALOG
DIKT
MENING
METAFOR
BESKRIVELSE
POETISK
RIM
RYTME
ROMAN
STIL
TEMA
TRAGEDIE
SAMMENLIGNING
FORTELLER

62 - Boeken

S	C	D	U	V	T	L	O	R	G	K	L	I	E	I	I
Y	I	M	F	A	B	B	A	A	E	S	E	S	B	I	B
P	O	D	W	M	Y	D	D	A	E	L	S	U	O	G	T
R	P	R	E	L	L	E	T	R	O	F	E	X	J	Z	O
T	K	S	I	G	A	R	T	R	B	C	R	G	Z	M	C
E	P	V	R	L	R	D	R	Æ	R	E	T	T	I	L	A
T	P	B	O	K	Q	G	L	Y	F	L	J	K	W	M	W
C	Z	I	T	D	U	A	L	I	T	E	T	K	I	D	T
S	Q	B	S	U	U	G	E	F	G	N	I	L	M	A	S
X	K	U	I	K	Q	Q	U	T	E	V	E	R	K	S	K
C	M	B	H	K	W	P	T	E	G	W	J	V	C	K	E
R	O	M	A	N	G	P	K	T	P	P	N	O	E	W	T
R	B	P	R	E	T	T	A	F	R	O	F	B	R	D	N
O	P	P	F	I	N	N	S	O	M	E	Q	B	T	R	O
H	I	S	T	O	R	I	S	K	E	S	L	P	W	S	K
N	N	T	A	W	K	S	I	T	S	I	R	O	M	U	H

FORFATTER
EVENTYR
SIDE
SAMLING
KONTEKST
DUALITET
EPISK
DIKT
SKREVET
HISTORISK
HUMORISTISK
OPPFINNSOM
LESER
LITTERÆR
POESI
AKTUELL
ROMAN
TRAGISK
HISTORIE
FORTELLER

63 - Meer Informatie

R	D	V	O	V	N	J	V	I	S	R	R	L	F	I	Y
H	O	Y	R	R	E	A	L	I	S	T	I	S	K	L	Y
K	P	B	S	O	R	A	K	E	L	F	S	H	P	L	K
F	I	P	O	T	U	M	V	T	A	G	Q	L	W	U	I
E	U	W	L	T	O	N	I	K	V	A	N	I	Q	S	X
K	T	T	V	M	E	P	J	F	C	L	H	J	C	J	Z
S	E	J	U	E	D	R	I	I	R	A	K	X	L	O	Z
P	K	K	Y	R	E	K	Ø	B	L	X	Q	V	O	N	S
L	N	I	C	T	I	Z	R	M	K	Y	B	W	B	T	C
O	O	M	Z	S	K	S	I	T	S	A	T	N	A	F	E
S	L	V	V	K	Y	W	T	L	I	E	Y	B	M	K	N
J	O	C	M	E	D	U	V	I	T	X	E	R	P	B	A
O	G	V	E	R	D	E	N	B	S	T	D	A	D	A	R
N	I	O	H	B	P	M	K	N	Y	K	H	N	S	W	I
P	L	A	N	E	T	I	G	N	M	Q	H	N	X	U	O
Y	Z	Y	A	N	Y	Z	G	I	L	H	J	S	T	N	M

KINO
BØKER
BRANN
INNBILT
DYSTOPI
EKSPLOSJON
EKSTREM
FANTASTISK
FUTURISTISK
ILLUSJON
MYSTISK
ORAKEL
PLANET
REALISTISK
ROBOTER
SCENARIO
GALAXY
TEKNOLOGI
UTOPI
VERDEN

64 - Regenwoud

S	R	O	A	M	F	D	S	B	C	Y	A	H	E	E	N
A	E	V	M	O	U	D	K	L	E	Z	E	B	L	X	O
M	S	E	F	S	G	R	Y	L	U	V	E	M	C	B	W
F	T	R	I	E	L	Z	E	K	O	X	A	D	G	R	F
U	A	L	B	H	E	C	R	Y	R	F	R	R	T	D	U
N	U	E	I	V	R	D	C	R	H	H	R	D	I	N	Q
N	R	V	E	T	I	L	F	L	U	K	T	U	N	N	K
E	E	E	R	K	I	O	J	U	N	G	E	L	A	Q	G
T	R	L	Y	L	N	F	X	Q	R	V	B	S	T	A	Y
K	I	S	D	I	S	G	C	X	Z	F	B	Y	U	Z	X
E	N	E	E	M	E	N	I	O	N	C	E	J	R	E	B
P	G	S	T	A	K	A	B	O	T	A	N	I	S	K	Z
S	Y	J	T	V	T	M	V	E	R	D	I	F	U	L	L
E	H	F	A	V	E	Y	L	D	A	F	I	P	S	C	G
R	F	Y	P	L	R	J	F	F	L	D	F	N	L	H	Y
B	T	L	U	F	U	U	C	B	U	M	U	U	K	P	N

AMFIBIER
BEVARING
BOTANISK
MANGFOLD
SAMFUNNET
URFOLK
INSEKTER
JUNGEL
KLIMA
MOSE
NATUR
OVERLEVELSE
RESPEKT
RESTAURERING
ART
TILFLUKT
FUGLER
VERDIFULL
SKYER
PATTEDYR

65 - Haartypes

F	L	E	T	T	E	T	P	Y	W	A	P	Y	U	S	H
M	J	M	Z	H	C	G	S	A	V	N	K	W	J	Q	N
E	D	S	V	R	P	L	C	J	E	X	N	W	U	B	I
Z	H	H	I	M	B	Z	W	N	E	Q	U	V	W	H	P
K	T	B	T	M	V	G	A	W	V	A	V	C	N	V	A
F	C	N	N	U	B	E	D	O	H	H	E	I	H	I	P
U	K	D	F	F	J	T	E	L	L	A	K	S	C	T	R
Q	K	Y	X	Q	M	E	M	L	G	T	K	W	S	E	H
H	Z	M	D	O	F	G	P	F	F	Y	Y	C	S	L	W
Y	K	S	Ø	L	V	L	A	N	G	N	T	Q	V	L	M
O	T	R	O	K	N	Ø	F	F	O	N	F	F	A	Ø	Y
J	D	M	Ø	Z	N	B	N	B	S	U	N	N	R	R	K
T	H	U	M	L	F	T	C	F	L	A	Y	J	T	K	J
W	Ø	X	W	R	L	L	Q	F	T	O	W	K	V	X	O
A	Å	R	G	B	T	E	G	R	A	F	N	U	R	B	N
Z	B	W	R	B	P	V	R	P	I	F	M	D	W	V	U

BLOND
BRUN
TYKK
TØRR
TYNN
FARGET
FLETTET
SUNN
BØLGETE
GRÅ
HODEBUNN
SKALLET
KORT
KRØLLER
KRØLLET
LANG
HVIT
MYK
SØLV
SVART

66 - Stad

R	V	L	X	C	O	L	V	I	L	U	Y	K	I	S	V
C	Z	S	W	Q	V	S	L	Z	B	K	P	Q	Z	T	F
F	L	Y	P	L	A	S	S	E	N	L	O	Y	Q	A	O
T	Y	Z	F	N	H	G	G	N	W	S	H	J	T	D	T
D	I	G	K	E	T	O	P	A	M	K	C	M	V	I	B
Y	X	R	E	S	T	A	U	R	A	N	T	U	S	O	O
R	H	B	T	G	E	V	M	T	E	A	T	E	R	N	K
E	O	G	O	J	A	C	D	A	W	B	A	S	A	B	H
H	T	V	I	G	K	L	R	A	R	Z	F	U	N	A	A
A	E	J	L	I	C	W	L	T	F	K	S	M	U	K	N
G	L	Q	B	H	E	G	S	E	B	Y	E	S	I	E	D
E	L	O	I	S	K	O	L	E	R	G	W	D	O	R	E
O	I	X	B	N	Z	D	P	K	K	I	T	U	B	I	L
U	N	I	V	E	R	S	I	T	E	T	N	K	L	I	R
O	X	I	G	U	M	B	K	L	I	N	I	K	K	T	F
Y	A	G	K	S	U	P	E	R	M	A	R	K	E	D	A

APOTEK
BAKERI
BANK
BIBLIOTEK
KINO
BOKHANDEL
DYREHAGE
GALLERI
HOTELL
KLINIKK
FLYPLASSEN
MARKED
MUSEUM
RESTAURANT
SKOLE
STADION
SUPERMARKED
TEATER
UNIVERSITET
BUTIKK

67 - Creativiteit

D	D	L	J	L	F	U	H	O	A	G	Z	E	B	O	O
D	T	A	Y	M	A	H	T	K	X	M	N	O	I	N	P
U	U	N	A	T	N	O	P	S	L	N	S	J	L	O	P
Q	T	P	Z	Y	T	G	F	I	N	A	J	I	D	J	F
F	E	T	M	L	A	X	Ø	R	O	T	R	T	E	S	I
D	E	U	R	F	S	G	L	E	J	E	E	H	T	I	N
R	S	R	D	Y	I	O	E	N	S	T	E	E	E	U	N
A	L	E	D	T	K	Q	L	T	A	I	D	R	T	T	S
M	E	N	S	I	L	K	S	S	R	S	I	U	I	N	O
A	L	O	B	L	G	P	E	N	I	N	P	T	L	I	M
T	Ø	J	A	E	V	H	R	U	P	E	Z	K	A	C	E
I	F	S	B	Y	O	R	E	K	S	T	D	G	T	S	M
S	J	I	I	K	K	Y	R	T	N	N	I	U	I	D	K
K	S	V	V	T	C	Y	M	Y	I	I	X	A	V	V	B
A	U	T	E	N	T	I	S	I	T	E	T	L	T	B	I
A	I	Z	K	D	E	Y	Q	D	L	N	A	A	N	W	S

KUNSTNERISK
BILDE
DRAMATISK
AUTENTISITET
FØLELSER
FØLELSE
KLARHET
IDEER
INNTRYKK
INSPIRASJON
INTENSITET
INTUISJON
OPPFINNSOM
SPONTAN
UTTRYKK
FERDIGHET
FANTASI
VISJONER
VITALITET
FLYT

68 - Natuur

I	Y	F	E	H	Ø	Z	D	Y	Y	J	C	W	A	T	O
Q	A	D	E	X	K	R	Y	D	Z	Z	P	T	W	Y	I
I	L	A	D	I	J	E	K	S	I	T	K	R	A	M	O
V	I	K	T	I	G	I	T	E	H	N	N	Ø	J	K	S
S	K	Y	E	R	I	B	R	K	N	F	K	Y	C	R	S
G	L	L	U	A	L	E	O	Å	P	D	L	G	T	E	K
E	Y	M	E	G	O	B	M	T	S	Y	I	V	Q	V	O
C	R	T	D	I	R	V	I	L	L	N	P	G	O	V	G
T	M	O	D	G	I	L	L	E	H	A	P	V	U	Ø	U
E	R	B	S	I	Q	E	J	A	G	M	E	G	B	L	Z
D	R	O	V	J	X	I	G	B	G	I	R	K	Y	R	L
Y	Y	C	P	I	O	Y	E	D	P	S	I	A	Z	F	M
R	Y	I	F	I	T	N	Q	J	U	K	O	J	T	W	W
T	O	Q	O	N	S	Q	U	I	X	K	E	L	V	Z	B
V	E	X	N	Y	H	K	D	F	L	B	S	S	Y	Z	Z
L	Q	I	A	I	I	Q	T	J	R	R	L	K	Q	I	S

ARKTISK
BIER
SKOG
DYR
DYNAMISK
EROSJON
LØVVERK
ISBRE
HELLIGDOM
KLIPPER
TÅKE
ELV
SKJØNNHET
LY
ROLIG
TROPISK
VIKTIG
VILL
ØRKEN
SKYER

69 - Zoogdieren

V	Y	N	E	F	K	H	H	H	Y	Y	J	H	X	T	Y
V	I	S	F	C	J	D	V	T	U	I	E	A	L	O	H
Q	S	C	S	Z	U	F	A	E	B	N	U	L	V	R	B
A	O	K	N	S	C	T	L	E	S	E	D	A	D	N	A
U	F	G	N	N	J	T	O	I	V	W	P	W	W	C	D
X	F	W	N	C	W	R	I	Z	C	T	H	O	S	W	Z
F	A	E	I	N	Q	Y	Q	V	F	Z	D	H	S	M	B
P	R	Æ	R	I	E	U	L	V	B	O	T	T	O	A	P
I	I	B	M	N	P	G	K	S	L	B	H	I	K	C	P
N	J	I	I	A	A	E	A	N	T	Q	E	T	S	E	H
I	S	R	B	K	O	N	M	G	O	H	X	V	E	R	Y
K	E	N	G	U	R	U	E	C	S	N	N	L	E	D	B
Y	X	V	Z	O	M	V	L	G	K	A	P	F	V	R	N
G	K	P	Ø	S	Q	Z	L	N	A	D	E	L	F	I	N
F	U	A	L	L	I	R	O	G	T	N	A	F	E	L	E
C	F	Z	B	J	E	F	Q	Z	T	I	E	G	O	F	H

APE
BEVER
PRÆRIEULV
DELFIN
ESEL
GEIT
SJIRAFF
GORILLA
HUND
KAMEL
KENGURU
KATT
KANIN
LØVE
ELEFANT
HEST
OKSE
REV
HVAL
ULV

70 - Overheid

N	O	I	G	W	X	X	N	M	G	R	G	C	P	D	S
R	I	K	J	O	G	I	L	E	D	E	R	F	O	I	G
S	Y	M	B	O	L	I	V	I	S	T	U	R	L	S	Z
P	R	L	E	D	E	R	O	I	X	T	N	E	I	T	D
U	B	E	T	O	T	K	L	A	R	F	N	T	T	R	I
B	B	T	T	U	G	A	A	N	G	E	L	T	I	I	S
I	M	F	M	T	C	J	L	G	Z	R	O	I	K	K	K
P	M	R	O	O	S	M	N	E	T	D	V	G	K	T	U
P	A	I	N	Q	R	L	Z	R	P	I	C	H	Q	N	S
X	X	F	U	U	I	Y	I	K	I	G	B	E	N	A	J
N	S	T	M	P	K	N	H	G	Y	H	N	T	A	S	O
Y	M	N	E	U	K	F	N	T	F	E	D	E	S	J	N
S	R	Z	N	Y	K	U	N	X	Y	T	V	R	J	O	E
R	G	S	T	F	A	D	F	R	I	H	E	T	O	N	E
S	T	A	T	D	E	M	O	K	R	A	T	I	N	A	B
L	I	K	E	S	T	I	L	L	I	N	G	T	D	L	W

SIVIL
DEMOKRATI
DISKUSJON
LIKESTILLING
RETTSLIG
RETTFERDIGHET
GRUNNLOV
LEDER
MONUMENT
NASJON
NASJONAL
POLITIKK
RETTIGHETER
FREDELIG
STAT
SYMBOL
TALE
FRIHET
LOV
DISTRIKT

71 - Voertuigen

F	A	J	Q	C	T	B	I	L	M	F	C	U	A	K	X
S	I	F	S	A	H	R	F	R	C	E	Y	W	M	H	L
M	B	F	Y	M	C	E	A	M	X	R	A	E	B	F	J
Z	D	L	K	P	Q	I	L	K	T	J	Z	R	U	L	M
X	W	T	K	I	X	A	T	I	T	E	K	L	L	Y	X
B	A	U	E	N	K	Z	R	R	K	O	X	I	A	C	T
L	S	Y	L	G	O	T	Y	A	K	O	R	B	N	J	H
Z	F	C	K	V	W	I	N	Z	E	C	P	E	S	H	B
W	L	Z	X	O	A	N	F	N	D	A	F	T	E	H	C
W	Å	F	J	G	B	Q	O	R	W	P	M	S	E	I	G
D	T	G	K	N	Å	Y	A	Z	S	L	Y	A	J	R	H
J	E	R	W	P	T	M	O	T	O	R	K	L	M	Z	R
Y	R	M	C	W	B	M	T	R	X	Z	Z	B	V	D	S
U	N	D	E	R	V	A	N	N	S	B	Å	T	U	R	D
R	A	K	E	T	T	S	C	O	O	T	E	R	Z	S	D
S	R	R	Z	L	H	H	Y	P	Q	N	G	O	N	Q	S

AMBULANSE
BIL
DEKK
BÅT
BUSS
CAMPINGVOGN
SYKKEL
HELIKOPTER
MOTOR
UNDERVANNSBÅT
RAKETT
SCOOTER
TAXI
TRAKTOR
TOG
FERJE
FLY
FLÅTE
LASTEBIL

72 - Geografie

R	X	S	R	Y	X	F	J	N	F	M	Z	N	A	R	N
K	T	N	E	N	I	T	N	O	K	B	I	V	H	L	M
N	O	R	D	A	T	L	A	S	N	H	A	V	B	A	L
O	V	Ø	A	L	E	N	G	D	E	G	R	A	D	N	U
I	M	S	I	K	A	M	G	G	D	E	B	N	N	D	S
G	Y	B	W	E	Y	G	U	V	R	H	O	V	V	F	C
E	H	R	O	T	A	V	K	E	E	U	F	E	L	U	L
R	P	E	D	Y	Ø	H	W	L	V	V	C	S	Z	E	C
T	F	D	H	Ø	J	K	E	U	L	X	O	T	O	L	T
Y	K	D	R	P	U	U	I	K	V	E	X	A	V	A	L
C	B	E	B	U	X	B	E	V	I	F	J	O	I	E	Z
W	T	G	M	J	R	X	L	L	G	Z	S	F	M	P	S
C	A	R	K	A	C	Z	N	A	I	D	I	R	E	M	F
Y	D	A	G	D	V	Y	A	H	G	W	E	P	P	T	Y
J	A	D	X	I	S	C	G	C	P	I	N	G	P	R	E
K	F	H	E	L	T	R	O	U	L	L	X	E	R	O	E

ATLAS
FJELL
BREDDEGRAD
KONTINENT
ØY
EKVATOR
HALVKULE
HØYDE
KART
LAND
LENGDEGRAD
MERIDIAN
NORD
REGION
ELV
BY
VERDEN
VEST
HAV
SØR

73 - Kunstbenodigdheden

H	S	J	N	A	C	G	C	M	B	B	Q	W	D	Y	V
F	Z	Z	N	D	W	E	V	O	L	J	E	A	N	E	I
P	X	B	K	V	M	E	I	L	E	F	F	A	T	S	S
P	A	P	I	R	S	R	C	D	A	R	Z	R	E	M	K
F	A	R	G	E	R	T	T	J	E	O	V	E	T	M	E
G	C	Z	T	M	A	X	O	R	R	E	I	M	I	E	L
B	O	R	D	C	G	J	A	L	Y	Z	R	A	V	H	Æ
S	E	K	A	M	A	L	I	N	G	D	E	K	I	G	R
B	S	M	K	L	I	M	J	V	W	L	T	C	T	O	C
A	Q	F	R	E	T	N	A	Y	L	B	S	T	A	M	E
F	B	V	Y	O	L	Y	K	C	L	E	R	I	E	L	W
L	N	L	L	Z	H	B	I	P	U	V	Ø	Z	R	J	A
F	N	N	Y	D	Y	Z	J	V	K	G	B	Z	K	E	D
E	A	K	V	A	R	E	L	L	E	R	X	S	U	Q	Q
K	V	Y	S	F	P	M	V	S	A	V	I	G	K	T	T
S	D	X	N	T	Q	C	X	L	B	M	U	I	R	K	X

AKRYL
AKVARELLER
BØRSTER
KAMERA
KREATIVITET
STAFFELI
VISKELÆR
KULL
IDEER
BLEKK

LEIRE
FARGER
LIM
OLJE
PAPIR
BLYANTER
STOL
BORD
MALING
VANN

74 - Barbecues

S	W	F	I	Z	P	D	T	A	N	E	V	I	O	L	F
F	U	E	Z	Q	D	W	I	N	J	A	W	J	M	M	R
I	G	L	O	R	K	S	G	A	L	N	D	I	L	G	U
P	Y	L	T	E	F	M	Y	L	U	F	Y	F	D	G	K
Z	X	S	K	K	I	S	U	M	N	L	J	I	Z	D	T
G	S	C	Ø	A	Y	Y	S	Q	S	M	I	D	D	A	G
R	A	Z	L	S	R	L	D	O	J	T	F	M	F	E	O
I	U	Y	E	N	E	I	L	I	M	A	F	T	B	M	O
L	S	E	U	N	T	V	V	I	B	M	V	A	R	M	T
L	H	S	Q	Ø	A	P	I	B	N	Q	E	G	S	G	L
E	V	T	V	R	L	D	W	O	T	G	V	R	P	E	A
P	A	F	Q	G	A	O	V	Q	E	C	Z	E	E	F	S
N	J	N	O	J	S	A	T	I	V	N	I	L	P	N	S
T	O	M	A	T	E	R	E	V	I	N	K	F	P	P	P
K	V	W	Z	G	E	B	M	B	T	Z	V	A	E	P	A
T	S	Z	Y	B	Q	B	V	I	C	R	F	G	R	H	W

MIDDAG
FAMILIE
FRUKT
GRILLE
GRØNNSAKER
VARMT
SULT
KYLLING
LUNSJ
KNIVER

MUSIKK
PEPPER
SALATER
SAUS
TOMATER
LØK
INVITASJON
GAFLER
SOMMER
SALT

75 - Schoonheid

F	E	D	Å	N	P	C	C	E	K	Q	K	K	U	S	W
A	O	L	L	V	E	G	R	A	F	H	R	O	F	A	B
L	K	T	E	Y	M	L	I	E	P	S	Ø	S	C	K	S
B	A	K	O	G	M	W	E	T	M	U	L	M	G	S	I
B	G	B	X	G	A	R	D	G	R	F	L	E	U	S	X
J	N	K	A	B	E	N	Y	W	A	Y	E	T	S	T	E
G	M	I	P	P	Q	N	S	H	J	N	R	I	J	Y	Y
M	V	W	C	Z	T	P	Y	E	S	N	T	K	A	L	D
L	E	P	P	E	S	T	I	F	T	E	H	K	M	I	U
S	K	M	P	R	O	D	U	K	T	E	R	V	P	S	F
V	N	A	K	M	Z	H	H	X	H	B	P	C	O	T	T
P	I	S	V	X	N	U	G	L	A	T	T	I	W	P	K
J	M	C	R	F	E	D	G	J	B	Y	M	U	V	P	F
H	S	A	C	A	C	E	Y	G	Q	W	W	V	Z	Z	B
T	K	R	E	T	S	E	N	E	J	T	U	E	Y	A	I
B	T	A	S	Z	B	D	M	L	L	U	H	A	L	Y	X

SJARM
KOSMETIKK
TJENESTER
ELEGANT
ELEGANSE
FOTOGEN
NÅDE
DUFT
GLATT
HUD
FARGE
KRØLLER
LEPPESTIFT
MASCARA
PRODUKTER
SAKS
SJAMPO
SPEIL
STYLIST
SMINKE

76 - Wetenschappelijke Discip

E	G	Z	I	M	M	U	N	O	L	O	G	I	H	P	B
J	M	E	R	N	Æ	R	I	N	G	X	P	B	M	S	I
Y	G	I	G	O	L	O	I	S	Y	F	O	F	B	Y	O
L	I	G	N	Ø	K	O	L	O	G	I	C	O	F	K	K
T	K	O	A	E	R	O	B	O	T	I	K	K	B	O	J
R	B	L	F	H	R	B	O	T	A	N	I	K	K	L	E
I	M	O	T	A	N	A	L	Z	X	F	G	A	M	O	M
G	S	E	U	U	W	A	L	S	A	A	O	S	E	G	I
O	O	G	B	F	E	E	G	O	Y	X	L	T	K	I	G
L	S	Y	L	Q	U	A	C	Q	G	M	O	R	A	L	O
O	I	B	I	O	L	O	G	I	Z	I	R	O	N	E	L
R	O	K	O	D	J	V	G	O	O	G	O	N	I	C	O
V	L	B	J	W	F	B	T	T	C	K	E	O	K	W	E
E	O	X	Q	E	F	Q	S	Q	Z	F	T	M	K	Q	K
N	G	X	B	O	M	R	T	K	J	Y	E	I	D	E	R
H	I	V	D	H	A	I	S	C	Y	K	M	E	B	Z	A

ANATOMI
ARKEOLOGI
ASTRONOMI
BIOKJEMI
BIOLOGI
KJEMI
ØKOLOGI
FYSIOLOGI
GEOLOGI
IMMUNOLOGI
MEKANIKK
METEOROLOGI
MINERALOGI
NEVROLOGI
BOTANIKK
PSYKOLOGI
ROBOTIKK
SOSIOLOGI
ERNÆRING

77 - Bijvoeglijke Naamwoorden

I	Z	O	J	N	G	L	Z	T	I	H	K	P	O	W	C
G	N	Q	F	O	E	D	N	E	V	I	R	K	S	E	B
V	N	T	L	A	S	R	Z	P	J	O	E	V	P	V	J
A	U	L	E	K	R	E	N	O	D	K	A	W	N	B	I
N	S	O	W	R	F	N	I	D	H	S	T	U	O	E	Y
S	L	T	H	D	E	F	J	T	N	L	I	S	R	G	S
V	K	S	A	X	C	S	W	I	W	Y	V	T	M	A	F
A	S	A	C	K	Q	X	S	L	U	U	I	E	A	V	V
R	I	U	Y	S	L	W	I	A	R	M	T	R	L	E	I
L	T	R	L	I	E	O	N	S	N	W	K	K	K	T	L
I	N	O	Y	T	S	W	Z	Y	J	T	U	B	L	T	L
G	E	Y	W	A	E	W	W	W	T	M	D	L	B	Ø	I
K	T	Q	B	M	X	N	L	L	L	N	O	I	Y	R	E
X	U	R	I	A	S	Ø	V	N	I	G	R	X	X	T	E
N	A	T	U	R	L	I	G	B	Q	W	P	Y	W	T	E
J	W	I	H	D	M	P	Z	K	B	R	Z	E	A	X	Z

AUTENTISK
BEGAVET
BESKRIVENDE
KREATIV
DRAMATISK
SUNN
SULTEN
INTERESSANT
TRØTT
NATURLIG
NY
NORMAL
PRODUKTIV
SØVNIG
STERK
STOLT
ANSVARLIG
VILL
SALT
REN

78 - Kleding

F	O	R	K	L	E	K	S	W	Y	M	S	E	C	R	N
S	S	E	K	R	T	S	J	Y	Y	K	U	D	U	O	R
O	A	K	T	B	R	M	E	O	K	Y	E	E	Q	C	E
K	N	S	R	C	O	S	Q	F	L	S	K	J	Ø	R	T
K	D	N	V	H	J	H	I	K	S	E	K	K	Z	P	L
E	A	A	U	A	K	O	K	N	T	S	A	S	A	G	E
R	L	H	S	L	S	V	I	X	C	U	J	L	O	R	B
V	E	N	N	D	X	A	R	M	Y	L	E	A	J	E	F
Q	R	E	S	N	E	G	G	N	P	B	X	H	B	E	U
T	N	L	F	Å	I	O	O	R	B	J	T	G	Z	N	R
P	I	J	I	B	D	D	K	Z	Y	X	S	K	O	Q	D
P	Y	J	A	M	A	S	O	K	C	U	H	Z	I	I	N
D	J	E	E	R	P	W	F	A	I	G	C	H	Z	K	E
T	D	B	C	A	K	G	Y	B	M	E	W	G	R	K	F
R	J	E	K	J	P	F	Z	M	O	T	E	S	K	U	B
V	D	R	Z	H	A	T	T	S	K	J	E	R	F	B	D

ARMBÅND
BLUSE
BUKSE
HANSKER
HATT
FRAKK
JAKKE
KJOLE
HALSKJEDE
MOTE
PYJAMAS
BELTE
SKJØRT
SANDALER
SKO
FORKLE
SKJORTE
SKJERF
SOKKER
GENSER

79 - Vliegtuigen

H	Y	J	Z	Q	W	F	P	A	K	S	N	N	A	M	P
H	I	M	M	E	L	G	N	O	L	L	A	B	P	T	I
O	A	N	P	Z	Y	V	M	U	E	H	V	T	A	U	L
O	V	D	X	C	D	E	O	N	S	Y	I	V	S	R	O
K	N	Q	X	D	V	V	T	O	N	D	G	J	S	B	T
D	E	S	I	G	N	E	O	J	E	R	E	H	A	U	B
Y	D	A	F	N	E	N	R	S	R	O	R	B	S	L	J
A	Y	L	V	I	R	T	Z	K	B	G	E	X	J	E	E
R	Ø	M	M	D	Æ	Y	I	U	A	E	I	F	E	N	T
J	H	Q	G	N	F	R	E	R	C	N	R	W	R	S	L
O	F	A	K	A	S	K	D	T	C	X	O	L	U	F	T
B	I	J	F	L	O	T	P	S	B	D	T	N	Z	N	M
A	V	S	T	A	M	N	I	N	G	O	S	J	T	O	X
Z	T	A	L	C	T	L	J	O	F	K	I	K	R	L	T
X	N	W	S	L	A	V	P	K	G	D	H	J	T	P	K
C	X	B	Z	Z	R	E	T	N	I	N	G	H	M	V	I

AVSTAMNING
ATMOSFÆRE
EVENTYR
BALLONG
MANNSKAP
KONSTRUKSJON
BRENSEL
HISTORIE
HIMMEL
HØYDE
LANDING
LUFT
MOTOR
NAVIGERE
DESIGN
PASSASJER
PILOT
RETNING
TURBULENS
HYDROGEN

80 - Herbalisme

P	C	J	Z	U	Y	H	Q	T	T	S	S	T	P	H	M
S	E	G	A	H	B	L	O	M	S	T	M	E	B	V	Q
A	A	R	D	I	L	L	V	T	V	N	C	T	B	I	O
X	T	F	S	N	E	I	D	E	R	G	N	I	A	T	R
D	I	N	R	I	Y	N	C	R	Z	G	N	L	S	L	E
E	M	M	Y	A	L	S	Y	J	K	Z	Ø	A	I	Ø	G
L	I	A	Z	U	N	L	M	W	Z	A	R	V	L	K	A
H	A	Q	N	M	I	I	E	A	K	A	G	K	I	S	N
W	N	O	G	A	R	T	S	E	K	G	L	C	K	I	O
A	X	G	N	R	A	A	T	L	L	I	V	P	U	T	A
R	H	X	Y	O	M	T	D	T	E	F	C	Z	M	A	D
X	W	W	T	J	S	G	Z	G	Y	B	F	J	X	M	L
S	L	X	P	R	O	F	E	N	N	I	K	E	L	O	T
Q	J	B	H	A	R	G	X	C	C	Z	R	M	R	R	L
J	W	X	H	M	A	T	D	L	E	D	N	E	V	A	L
K	U	L	I	N	A	R	I	S	K	C	E	U	H	P	Q

AROMATISK
BASILIKUM
BLOMST
KULINARISK
DILL
ESTRAGON
GRØNN
INGREDIENS
HVITLØK
KVALITET
LAVENDEL
MARJORAM
OREGANO
PERSILLE
ROSMARIN
SAFRAN
SMAK
TIMIAN
HAGE
FENNIKEL

81 - Kracht en Zwaartekracht

U	O	P	X	O	U	N	I	V	E	R	S	E	L	L	D
T	U	K	G	B	P	P	Z	Z	N	D	V	F	X	S	E
V	Q	F	U	N	L	P	W	R	A	G	S	K	E	O	S
I	K	Z	M	W	R	F	D	O	B	G	Z	B	G	R	E
D	S	S	E	R	P	R	L	A	V	M	B	V	S	P	N
E	I	R	E	Q	I	A	D	X	G	R	V	E	K	T	T
L	M	N	T	P	E	S	L	E	G	E	V	E	B	H	R
S	A	T	N	E	W	E	W	N	B	S	L	M	W	K	U
E	N	T	F	V	Q	D	F	D	K	K	I	S	Y	F	M
H	Y	V	I	P	I	U	R	O	J	A	E	I	E	W	U
J	D	H	K	D	I	R	T	E	H	G	I	T	S	A	H
A	V	S	T	A	N	D	K	W	Z	B	L	E	K	H	S
P	L	A	N	E	T	E	R	N	V	R	E	N	B	Y	F
O	I	Z	R	N	O	J	S	K	I	R	F	G	Z	F	P
E	G	E	N	S	K	A	P	E	R	N	B	A	Y	V	V
M	E	K	A	N	I	K	K	L	F	B	G	M	X	E	E

AVSTAND
AKSER
BANE
BEVEGELSE
SENTRUM
PRESS
DYNAMISK
EGENSKAPER
VEKT
INNVIRKNING
MAGNETISME
MEKANIKK
FYSIKK
OPPDAGELSE
PLANETER
HASTIGHET
TID
UTVIDELSE
UNIVERSELL
FRIKSJON

82 - Het Bedrijf

I	G	L	A	B	O	L	G	F	G	O	O	P	L	P	I
T	N	S	Ø	B	W	T	K	H	T	X	A	O	P	R	N
R	A	N	K	N	Z	F	J	R	E	T	E	H	N	E	V
E	G	F	O	J	N	J	A	M	E	Q	I	C	U	S	E
N	M	W	C	V	R	Y	K	T	E	A	R	U	M	E	S
D	A	O	S	E	A	F	O	O	H	P	T	Q	K	N	T
E	R	E	T	K	E	T	N	N	I	R	S	I	D	T	E
R	F	U	Z	G	C	N	I	J	W	Y	U	G	V	A	R
K	V	A	L	I	T	E	T	V	J	A	D	Y	L	S	I
S	Y	S	S	E	L	S	E	T	T	I	N	G	O	J	N
G	R	N	J	O	U	P	O	K	I	S	I	R	E	O	G
N	P	J	G	N	I	N	T	U	L	S	E	B	T	N	L
N	H	M	X	S	N	M	M	D	P	H	A	N	V	C	X
Q	Z	S	G	L	L	E	N	O	J	S	E	F	O	R	P
M	U	L	I	G	H	E	T	R	W	A	M	A	W	K	N
B	V	D	F	K	R	M	I	P	L	N	I	Q	H	R	P

BESLUTNING
KREATIV
ENHETER
GLOBAL
INDUSTRI
INNTEKTER
INNOVATIV
INVESTERING
KVALITET
LØNN
MULIGHET
PRESENTASJON
PRODUKT
PROFESJONELL
RYKTE
RISIKO
TRENDER
FRAMGANG
SYSSELSETTING

83 - Rijden

B	K	D	Q	H	W	T	E	H	G	I	T	S	A	H	T
L	I	S	E	N	S	R	I	W	H	Z	U	W	P	B	U
F	A	R	E	R	O	A	G	A	R	A	S	J	E	J	N
V	Y	L	R	Y	G	F	F	X	J	D	G	J	D	D	N
K	X	I	R	T	D	I	C	B	L	L	M	A	V	A	E
K	Q	B	J	J	M	K	E	N	Z	U	O	B	T	G	L
R	T	E	H	R	E	K	K	I	S	D	T	B	P	E	F
M	O	T	O	R	S	Y	K	K	E	L	O	Q	I	G	O
P	M	S	H	L	T	B	Y	Z	V	F	R	R	G	L	T
A	O	A	M	Q	Y	R	L	B	R	E	M	S	E	R	G
G	U	L	K	I	A	E	U	J	G	Z	F	Y	F	R	J
F	K	Y	I	T	L	N	N	T	E	I	W	E	A	S	E
E	Y	R	R	T	N	S	U	W	H	I	N	Z	N	M	N
D	S	H	R	R	I	E	V	O	L	K	B	P	I	J	G
P	J	L	V	A	L	L	B	R	S	A	S	J	W	Z	E
G	A	S	S	K	D	E	K	F	Z	H	O	X	U	P	R

BIL
BRENSEL
GARASJE
GASS
FARE
KART
LISENS
MOTOR
MOTORSYKKEL
ULYKKE
POLITI
BREMSER
HASTIGHET
GATE
TUNNEL
SIKKERHET
TRAFIKK
FOTGJENGER
LASTEBIL
VEI

84 - Wetenschap

F	O	S	S	I	L	T	K	H	A	P	F	R	T	D	X
P	A	R	T	I	K	L	E	R	Y	T	S	L	F	X	P
O	A	E	D	O	T	E	M	U	M	P	O	C	A	K	Q
R	K	K	I	S	Y	F	H	T	U	D	O	M	R	X	W
G	J	S	E	M	G	D	C	A	T	A	D	T	K	R	K
A	E	R	V	I	S	R	A	N	K	V	M	J	E	N	R
N	M	O	O	N	B	V	K	V	A	F	M	G	D	S	Z
I	I	F	L	E	V	L	L	N	F	U	O	X	G	J	E
S	S	U	U	R	R	N	I	M	T	A	L	J	N	L	D
M	K	A	S	A	Q	B	M	F	M	K	E	A	Y	H	O
E	M	Q	J	L	S	X	A	P	T	X	K	M	T	K	S
U	P	K	O	E	J	P	B	M	T	K	Y	O	T	C	A
U	Z	B	N	R	M	H	A	I	Q	V	L	I	L	R	K
C	Q	T	C	N	T	N	E	M	I	R	E	P	S	K	E
O	B	S	E	R	V	A	S	J	O	N	R	Y	W	E	X
L	A	B	O	R	A	T	O	R	I	U	M	V	W	K	P

ATOM
KJEMISK
PARTIKLER
EVOLUSJON
EKSPERIMENT
FAKTUM
FOSSILT
DATA
HYPOTESE
KLIMA
LABORATORIUM
METODE
MINERALER
MOLEKYLER
NATUR
FYSIKK
OBSERVASJON
ORGANISME
FORSKER
TYNGDEKRAFT

85 - Natuurkunde

C	A	T	E	H	G	I	T	S	A	H	Y	W	V	T	Z
D	T	I	E	M	S	I	T	E	N	G	A	M	L	Y	P
X	O	R	O	T	O	M	J	L	J	Y	B	F	V	N	A
L	M	T	X	F	T	U	P	C	E	M	C	B	V	G	K
Y	J	N	U	T	F	H	V	N	L	M	E	Y	F	D	S
K	J	E	M	I	S	K	E	W	E	F	L	V	R	E	E
E	W	M	F	I	S	O	A	T	K	J	E	D	E	K	L
L	Y	I	G	P	A	U	A	M	K	N	K	T	K	R	E
O	M	R	F	R	G	L	W	K	I	L	T	B	V	A	R
M	Z	E	S	L	E	D	I	V	T	U	R	C	E	F	A
P	P	P	S	X	E	M	L	M	R	H	O	W	N	T	S
B	W	S	W	S	Z	W	L	P	A	R	N	B	S	H	J
Y	P	K	R	D	A	N	W	M	P	S	X	B	Q	N	O
Z	C	E	U	C	Y	M	M	E	K	A	N	I	K	K	N
I	S	E	E	I	Y	J	F	N	I	N	L	J	M	S	Z
F	O	R	M	E	L	L	E	S	R	E	V	I	N	U	E

ATOM
KAOS
KJEMISK
PARTIKKEL
TETTHET
ELEKTRON
EKSPERIMENT
FORMEL
FREKVENS
GASS
MAGNETISME
MASSE
MEKANIKK
MOLEKYL
MOTOR
HASTIGHET
UTVIDELSE
UNIVERSELL
AKSELERASJON
TYNGDEKRAFT

86 - Muziekinstrumenten

T	R	O	M	B	O	N	E	T	E	C	K	B	X	H	K
F	B	F	B	F	S	K	O	D	R	U	G	Q	S	U	W
L	V	Y	Z	O	T	C	L	O	V	O	J	N	A	B	I
Ø	F	A	G	O	T	T	L	A	U	N	M	M	L	N	F
Y	H	T	R	O	M	P	E	T	R	A	U	M	N	X	X
T	K	M	Y	V	D	L	C	Q	B	I	X	V	E	U	M
E	H	Y	H	N	A	R	J	J	I	P	N	A	P	D	U
M	A	N	D	O	L	I	N	J	O	U	O	E	A	C	N
W	K	O	J	N	D	W	D	H	V	A	F	P	T	P	N
M	E	J	S	Y	W	N	M	R	V	W	O	R	F	T	S
F	K	S	Z	F	J	X	O	J	K	R	S	A	I	U	P
F	L	U	O	G	N	O	G	Y	G	N	K	H	O	Z	I
Q	Z	K	N	I	R	U	B	M	A	T	A	X	L	Q	L
R	R	R	H	T	X	R	D	D	G	R	S	P	I	Q	L
C	G	E	A	A	M	A	R	I	M	B	A	Y	N	J	U
T	Y	P	B	R	I	S	F	B	S	Q	W	F	W	P	F

BANJO
CELLO
FAGOTT
FLØYTE
GITAR
GONG
HARPE
OBO
KLARINETT
MANDOLIN
MARIMBA
MUNNSPILL
PERKUSJON
PIANO
SAKSOFON
TAMBURIN
TROMBONE
TROMME
TROMPET
FIOLIN

87 - Antiek

G	M	E	L	U	N	S	M	A	J	I	H	U	T	G	H
D	A	V	Y	M	I	A	W	A	C	D	W	W	K	A	M
E	R	M	Z	M	S	M	U	E	L	R	N	O	S	L	D
K	Z	P	M	Y	X	L	A	Y	L	E	W	K	I	L	M
O	W	H	O	E	O	E	K	D	O	V	R	E	T	E	F
R	Q	N	K	B	L	R	X	A	H	N	X	I	N	R	Å
A	R	E	S	T	A	U	R	E	R	I	N	G	E	I	R
T	K	K	T	M	S	K	U	L	P	T	U	R	T	R	H
I	U	W	N	Ø	V	M	B	K	W	Y	U	B	U	C	U
V	N	J	A	B	R	H	Y	A	V	B	A	Y	A	O	N
E	S	E	G	L	A	K	W	N	O	J	S	K	U	A	D
U	T	Q	E	E	V	Q	B	X	T	Q	S	S	H	O	R
S	T	I	L	R	Z	K	I	M	G	E	I	U	X	P	E
I	N	V	E	S	T	E	R	I	N	G	R	Q	R	G	I
N	N	K	V	A	L	I	T	E	T	Q	P	A	X	E	J
U	V	A	N	L	I	G	V	O	A	X	V	Z	E	J	Z

AUTENTISK
SKULPTUR
DEKORATIV
ÅRHUNDRE
ELEGANT
GALLERI
INVESTERING
KUNST
KVALITET
MØBLER
MYNTER
UVANLIG
GAMMEL
PRIS
RESTAURERING
MALERIER
STIL
AUKSJON
SAMLER
VERDI

88 - Boerderij #1

C	R	B	X	I	R	S	V	H	I	M	K	V	G	G	A
G	D	S	K	L	A	N	D	B	R	U	K	R	A	C	S
I	H	S	Y	E	W	G	N	I	N	N	O	H	Å	N	H
W	M	T	L	S	G	A	P	E	W	E	L	R	Y	K	N
D	A	D	L	E	E	U	J	R	Y	H	F	L	I	R	E
H	Ø	Y	I	I	I	B	Z	T	N	Y	G	A	H	S	K
T	R	U	N	B	T	K	A	L	V	U	M	L	O	R	U
V	F	Z	G	Q	P	D	Q	E	M	V	K	F	Q	A	H
Q	U	H	U	J	O	L	Q	F	T	M	S	F	H	O	U
A	Y	E	G	J	E	R	D	E	T	C	H	D	X	P	N
K	S	S	Q	F	D	Z	J	V	D	Q	J	Z	N	I	D
O	P	T	T	A	K	Z	A	L	J	F	I	L	N	N	L
G	J	Ø	D	S	E	L	H	A	V	Z	F	T	W	O	J
V	X	V	E	O	T	Z	J	B	J	S	P	X	T	J	M
R	Q	I	O	X	Z	D	C	X	R	U	W	S	C	O	Z
B	P	D	R	U	Y	Z	B	B	N	W	S	Y	M	F	X

BIE
ESEL
GEIT
GJERDE
HUND
HONNING
HØY
KALV
KATT
KYLLING
KU
KRÅKE
FLOKK
LANDBRUK
GJØDSEL
HEST
RIS
FELT
VANN
FRØ

89 - Huis

M	Q	U	L	T	S	U	W	H	N	E	G	K	L	P	D
L	P	M	K	Y	W	Z	J	W	I	F	A	Q	D	Ø	R
I	A	P	A	P	O	C	J	S	L	P	R	O	H	H	M
E	L	M	O	R	E	V	O	S	B	Q	A	X	T	Q	Y
P	O	A	P	D	Z	Y	X	R	O	M	S	I	E	P	Z
S	F	G	S	E	D	R	E	J	G	E	J	K	H	Q	L
A	T	E	E	O	L	J	R	I	G	R	E	L	B	Ø	M
B	I	B	L	I	O	T	E	K	A	T	P	D	A	A	J
Y	D	Y	J	I	I	S	L	K	O	I	P	M	K	S	N
G	V	U	G	J	Q	O	L	E	P	S	E	Y	J	Y	Q
R	K	H	S	I	C	K	E	G	A	H	T	P	Ø	U	G
D	H	Z	K	J	T	T	J	F	R	K	A	J	K	U	N
H	V	Q	Y	S	C	W	K	M	E	V	R	V	K	W	W
N	I	E	T	S	R	O	K	S	N	O	L	A	E	J	G
N	Q	K	G	Q	R	I	P	B	C	U	M	S	N	K	K
D	W	E	B	G	S	A	P	H	E	P	K	U	K	I	O

KOST
BIBLIOTEK
TAK
DØR
DUSJ
GARASJE
PEIS
GJERDE
ROM
KJELLER
KJØKKEN
LAMPE
MØBLER
VEGG
SKORSTEIN
SOVEROM
SPEIL
TEPPE
HAGE
LOFT

90 - Geometrie

B	T	A	L	L	Z	X	D	U	B	Q	H	Z	Z	T	L
Y	E	V	R	U	K	Y	L	I	R	O	E	T	N	O	I
N	D	R	R	M	T	W	O	H	M	V	M	D	M	R	G
S	Y	E	E	S	E	C	G	O	U	E	I	V	S	G	N
L	Ø	T	S	G	T	M	I	U	V	M	N	N	X	E	I
F	H	E	G	T	N	A	K	E	R	T	A	S	K	T	N
L	U	M	H	F	E	I	K	E	P	G	I	I	J	E	G
A	B	A	L	R	M	O	N	W	B	L	D	J	A	O	L
T	X	I	S	F	G	U	T	G	K	L	E	O	V	W	N
E	D	D	P	Q	E	G	B	K	L	E	M	T	R	K	S
D	H	O	R	I	S	O	N	T	A	L	E	K	R	I	S
X	V	E	R	T	I	K	A	L	T	L	M	A	S	S	E
V	Q	G	X	L	M	K	V	Q	Q	A	D	N	E	F	D
Y	N	K	P	F	B	A	S	U	A	R	S	Y	F	D	L
S	Y	M	M	E	T	R	I	E	D	A	A	R	R	X	B
V	K	X	Z	N	H	A	Q	M	Q	P	K	F	L	B	D

BEREGNING
SIRKEL
KURVE
DIAMETER
DIMENSJON
TREKANT
VINKEL
HØYDE
HORISONTAL
LOGIKK
MASSE
MEDIAN
FLATE
PARALLELL
SEGMENTET
SYMMETRI
TEORI
LIGNING
VERTIKAL
TORGET

91 - Jazz

M	E	U	O	I	J	K	Q	R	K	K	I	N	K	E	T
X	Z	Y	O	Q	H	F	A	Z	M	U	B	L	A	S	J
H	Z	A	V	N	V	O	Z	N	G	N	A	S	W	F	G
K	U	L	N	V	M	L	N	S	T	S	G	H	M	K	O
F	A	V	O	R	I	T	T	E	R	T	A	O	R	Y	T
S	F	X	R	L	H	Y	R	P	E	N	M	F	Y	N	A
J	T	P	W	K	I	H	R	M	M	E	M	S	T	U	L
A	O	R	K	E	S	T	E	R	U	R	E	W	M	E	E
N	I	R	E	O	M	K	E	C	S	G	L	H	E	U	N
G	T	L	R	S	Q	E	N	R	I	U	S	T	I	L	T
E	S	Z	X	C	N	V	M	M	K	I	A	S	Z	B	M
R	G	F	A	W	H	O	W	U	K	F	R	L	R	U	N
M	F	K	Q	H	H	B	K	D	E	J	A	X	P	P	B
K	O	M	P	O	N	I	S	T	M	Ø	R	E	B	P	H
S	A	M	M	E	N	S	E	T	N	I	N	G	B	Z	A
W	Q	I	M	P	R	O	V	I	S	A	S	J	O	N	U

ALBUM
APPLAUS
KUNSTNER
BERØMT
KOMPONIST
KONSERT
FAVORITTER
SJANGER
IMPROVISASJON
SANG
MUSIKK
VEKT
NY
ORKESTER
GAMMEL
RYTME
SAMMENSETNING
STIL
TALENT
TEKNIKK

92 - Getallen

D	E	R	T	I	P	F	U	D	S	C	S	D	P	L	Q
T	T	W	E	N	Z	E	E	K	I	Y	Y	T	D	Q	B
O	T	X	P	C	F	M	H	O	E	C	V	L	S	J	N
W	Å	G	Z	F	Q	T	W	D	T	O	Y	V	S	U	Y
S	V	C	F	K	G	E	I	Y	L	Q	E	F	E	M	P
E	L	K	F	G	O	N	E	T	T	I	N	L	H	G	G
K	N	U	L	L	A	T	T	E	N	S	E	C	L	E	E
S	C	D	S	N	F	A	K	V	B	Q	T	L	S	W	F
B	F	V	L	E	T	O	L	V	S	P	T	S	U	M	I
E	Z	X	O	K	K	N	U	I	E	F	Y	S	K	N	R
J	Q	J	C	L	J	S	A	L	J	R	S	K	R	W	E
X	E	J	T	J	U	E	T	E	A	X	T	R	Z	A	F
H	X	Z	O	G	S	L	K	E	N	W	Z	M	J	P	Q
F	J	O	R	T	E	N	M	O	N	U	O	L	R	D	Y
C	T	H	S	N	E	O	T	R	E	T	T	E	N	R	F
G	U	M	P	N	B	T	L	T	I	G	K	D	B	T	Q

ÅTTE
ATTEN
TRETTEN
TRE
EN
NI
NITTEN
NULL
TI
TOLV
TO
TJUE
FJORTEN
FIRE
FEM
FEMTEN
SEKS
SEKSTEN
SYV
SYTTEN

93 - Boksen

B	M	K	T	E	H	G	I	D	R	E	F	R	C	S	M
Y	J	F	Z	K	G	N	L	N	O	E	H	A	Z	K	O
J	O	W	B	A	M	E	V	E	N	M	Z	S	U	A	T
U	T	F	Y	H	R	O	C	Z	B	K	M	K	R	D	S
A	Q	Z	X	F	S	P	L	P	M	K	R	E	Z	E	T
Y	L	U	Z	S	R	K	T	N	N	L	Z	K	R	R	A
N	A	B	M	V	U	F	B	C	Y	O	F	R	E	Y	N
Z	X	Z	U	J	R	F	M	X	G	K	U	Y	K	I	D
N	O	E	N	E	T	W	O	V	K	K	T	T	S	N	E
J	A	G	E	R	F	L	Y	K	N	E	S	S	N	K	R
V	F	M	K	I	T	Y	B	O	U	Y	L	W	A	R	H
Z	T	H	R	Q	T	X	Y	W	J	S	I	A	H	O	J
J	E	Z	A	C	F	L	J	X	K	U	T	G	L	P	Ø
Q	R	R	P	E	L	J	Y	Z	J	S	T	K	G	P	R
E	C	C	S	N	C	E	V	V	C	N	F	Z	L	K	N
S	H	K	U	L	T	S	M	E	A	G	X	C	K	I	E

ALBUE
FOKUS
HANSKER
HJØRNE
HAKE
KLOKKE
STYRKE
KROPP
POENG
DOMMER
SPARKE
RASK
MOTSTANDER
TAU
UTSLITT
FERDIGHET
JAGERFLY
SKADER
NEVE

94 - Boerderij #2

M	R	D	B	I	K	U	B	E	U	G	V	X	F	L	P
Y	V	Y	S	R	H	S	H	W	O	A	X	L	R	J	Q
I	Q	R	N	O	O	R	X	L	A	M	A	A	U	B	L
N	G	L	M	P	C	T	S	O	M	A	I	M	K	P	P
T	B	Y	S	E	A	U	K	V	V	B	M	E	T	X	Q
E	E	R	T	D	L	A	S	A	U	Z	V	M	C	W	W
R	D	C	C	N	W	K	U	B	R	O	A	X	S	R	J
H	K	J	B	O	O	O	H	Z	T	T	N	R	O	K	V
U	R	K	N	B	M	E	A	V	K	D	N	A	T	T	O
G	R	Ø	N	N	S	A	K	G	A	J	I	H	E	R	W
F	L	H	Y	R	D	E	P	P	G	G	N	O	N	M	P
E	F	Å	U	K	Q	C	J	Y	E	L	G	G	Y	B	H
H	O	O	V	F	R	U	K	T	H	A	G	E	H	N	O
J	B	J	X	E	T	E	V	H	C	D	K	Z	D	Q	G
V	I	N	D	M	Ø	L	L	E	A	L	L	X	Z	B	W
H	P	K	Y	E	N	G	I	C	Z	M	S	Z	D	Q	L

BIKUBE
BONDE
FRUKTHAGE
DYR
AND
FRUKT
BYGG
GRØNNSAK
HYRDE
VANNING

LAM
LAMA
KORN
MELK
SAU
LÅVE
HVETE
TRAKTOR
ENG
VINDMØLLE

95 - Psychologie

T	E	H	G	I	L	E	K	R	I	V	U	F	L	O	V
B	A	R	N	D	O	M	L	E	S	R	Ø	F	P	P	O
K	E	E	I	T	A	H	I	P	H	N	M	Z	O	F	T
O	U	G	R	E	N	Z	N	R	E	M	M	Ø	R	D	T
N	M	N	E	R	F	G	I	O	Q	U	L	D	V	E	W
F	C	I	D	A	Ø	E	S	B	T	A	N	K	E	R	J
L	K	N	R	P	L	S	K	L	Z	Q	O	T	L	B	C
I	M	K	U	I	E	L	T	E	J	M	J	W	A	A	D
K	W	R	V	B	L	E	Y	M	O	Y	S	L	T	R	R
T	P	I	T	G	S	L	G	Q	X	Y	I	W	V	E	A
A	A	V	C	B	E	Ø	P	O	N	T	N	F	A	X	Y
H	C	Å	V	J	R	F	M	G	P	J	G	Z	B	H	N
O	P	P	F	A	T	N	I	N	G	P	O	J	N	U	Q
B	E	V	I	S	S	T	L	Ø	S	R	K	C	U	R	M
E	R	F	A	R	I	N	G	E	R	X	J	M	Z	U	Q
P	E	R	S	O	N	L	I	G	H	E	T	B	P	O	T

AVTALE
VURDERING
BEVISSTLØS
KOGNISJON
KONFLIKT
DRØMMER
EGO
FØLELSER
ERFARINGER
TANKER

OPPFØRSEL
FØLELSE
PÅVIRKNINGER
BARNDOM
KLINISK
OPPFATNING
PERSONLIGHET
PROBLEM
VIRKELIGHET
TERAPI

96 - Elektriciteit

T	N	T	R	O	N	R	E	K	E	A	L	S	D	E	R
R	E	E	V	H	L	M	A	G	N	E	T	B	G	L	E
Q	T	L	C	U	M	E	N	G	D	E	O	B	S	E	N
Y	T	E	N	G	O	B	B	V	U	X	N	W	K	K	O
P	V	F	J	M	F	R	D	A	U	X	D	Y	D	T	X
B	E	O	T	K	A	T	N	O	K	K	I	T	S	R	M
A	R	N	P	T	K	L	X	N	U	K	Y	T	N	I	O
T	K	S	I	R	T	K	E	L	E	O	Y	M	W	K	B
T	N	E	G	A	T	I	V	D	L	A	M	P	E	E	J
E	G	U	N	S	T	E	R	Z	N	K	G	F	L	R	E
R	P	V	I	U	T	S	T	Y	R	I	X	L	Q	A	K
I	E	Q	R	D	R	P	K	B	A	W	N	E	W	X	T
C	R	S	G	P	O	S	I	T	I	V	S	G	U	I	E
S	N	V	A	G	E	N	E	R	A	T	O	R	E	W	R
U	M	H	L	L	T	P	C	B	H	C	A	F	V	R	V
E	N	Y	P	Q	V	B	N	T	D	T	W	R	K	Y	W

BATTERI
UTSTYR
LEDNINGER
ELEKTRIKER
ELEKTRISK
GENERATOR
MENGDE
KABEL
LAMPE
LASER
MAGNET
NEGATIV
NETTVERK
OBJEKTER
LAGRING
POSITIV
STIKKONTAKT
TELEFON
TV

97 - Zakelijk

V	N	G	F	K	L	I	U	F	M	H	W	W	C	K	P
G	F	D	A	F	C	P	B	P	E	N	G	E	R	R	R
Y	Z	D	B	J	J	L	K	A	R	R	I	E	R	E	O
M	G	E	R	S	K	A	T	T	E	R	W	T	H	V	F
D	T	V	I	L	G	I	A	L	E	T	B	S	F	I	I
Z	L	R	K	E	N	M	E	N	N	U	W	O	I	G	T
O	I	A	K	G	I	O	G	L	S	F	N	K	N	S	T
R	Q	C	Q	D	R	N	R	E	K	A	H	H	A	D	H
V	X	J	W	B	E	O	P	H	F	N	T	K	N	I	N
O	P	R	A	U	T	K	E	T	N	N	I	T	S	E	L
S	S	C	E	D	S	Ø	R	O	T	N	O	K	F	B	K
T	A	X	H	S	E	J	P	A	K	S	L	E	S	R	K
E	U	L	Z	J	V	C	I	D	B	R	G	U	U	A	I
X	F	T	G	E	N	O	J	S	K	A	S	N	A	R	T
Z	I	O	Z	T	I	Y	C	S	A	O	T	S	Y	Y	U
Q	X	Z	Q	T	V	A	L	U	T	A	X	T	G	S	B

SELSKAP
BUDSJETT
SKATTER
KARRIERE
ØKONOMI
FABRIKK
FINANS
PENGER
INNTEKT
INVESTERING
KONTOR
RABATT
KOSTE
TRANSAKSJON
VALUTA
SALG
ARBEIDSGIVER
ANSATT
BUTIKK
PROFITT

98 - Voeding

R	V	R	I	A	K	C	P	F	Y	B	N	X	S	H	G
S	G	I	F	T	V	D	N	O	R	A	Æ	S	K	A	I
U	V	G	Q	D	Z	W	X	R	E	L	R	W	A	U	L
N	B	N	K	U	J	F	S	D	T	A	I	W	M	U	E
N	Y	I	R	W	P	Y	G	Ø	A	N	N	T	S	O	S
I	K	R	T	Y	B	H	H	Y	R	S	G	D	X	I	I
M	V	Æ	O	T	O	F	E	E	D	E	S	P	C	U	P
A	S	J	Q	O	E	S	L	L	Y	R	S	E	O	T	S
T	M	G	C	L	U	R	S	S	H	T	T	Y	K	T	D
I	Y	B	W	Z	H	J	E	E	O	O	O	M	H	G	T
V	F	X	D	A	T	A	E	I	B	U	F	K	Q	T	L
R	E	N	I	E	T	O	R	P	R	C	F	V	G	F	J
S	K	R	E	K	S	Æ	V	O	A	O	B	Y	A	B	X
A	L	G	T	U	Z	Q	F	C	K	V	L	I	T	V	C
V	L	S	T	K	V	A	L	I	T	E	T	A	T	W	C
V	E	K	T	A	P	P	E	T	I	T	T	G	K	E	R

BITTER
KALORIER
DIETT
SPISELIG
APPETITT
PROTEINER
BALANSERT
GJÆRING
VEKT
SUNN

HELSE
KARBOHYDRATER
KVALITET
SAUS
SMAK
FORDØYELSE
GIFT
VITAMIN
VÆSKER
NÆRINGSSTOFF

99 - Chemie

Z	X	P	R	U	T	A	R	E	P	M	E	T	K	E	V
N	Y	C	O	Y	L	I	L	A	Y	X	R	N	P	Z	I
P	H	V	L	P	A	B	I	K	J	S	V	O	Z	E	W
L	N	M	K	E	S	S	A	G	A	T	R	I	V	Y	W
R	E	A	K	S	J	O	N	R	E	L	L	A	T	E	M
T	G	W	D	I	P	R	F	U	P	R	I	Z	H	K	J
U	Y	Z	A	E	L	E	K	T	R	O	N	S	R	M	N
O	S	X	K	I	P	V	V	N	Q	T	O	M	K	F	S
X	K	X	N	V	Æ	S	K	E	O	A	B	O	O	R	E
W	O	L	V	V	U	U	X	G	R	S	R	L	J	Q	T
T	G	E	O	C	J	Y	T	O	G	Y	A	E	H	T	K
Y	V	A	R	M	E	E	E	R	A	L	K	K	W	I	F
W	E	R	A	T	N	P	R	D	N	A	S	Y	Z	N	C
T	L	W	W	M	C	E	K	Y	I	T	U	L	B	X	M
T	T	M	C	N	V	I	R	H	S	A	V	A	I	J	B
N	Q	A	U	T	L	U	Q	S	K	K	O	R	H	T	U

ALKALISK
KLOR
ELEKTRON
ENZYM
GASS
VEKT
ION
KATALYSATOR
KARBON
METALLER

MOLEKYL
ORGANISK
REAKSJON
TEMPERATUR
VÆSKE
VARME
HYDROGEN
SALT
SYRE
OKSYGEN

1 - Metingen

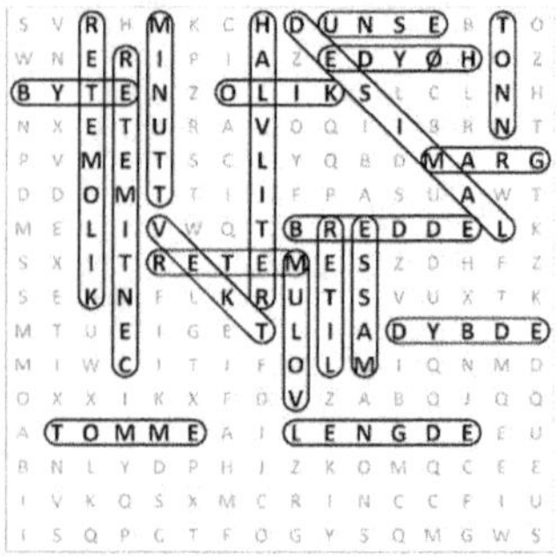

2 - Opwarming van de Aarde

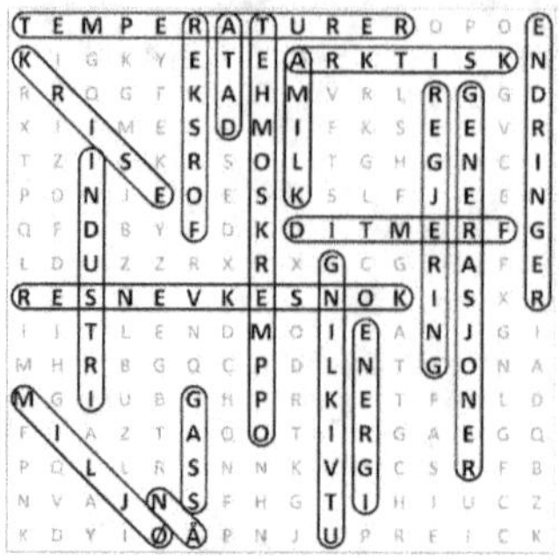

3 - Keuken

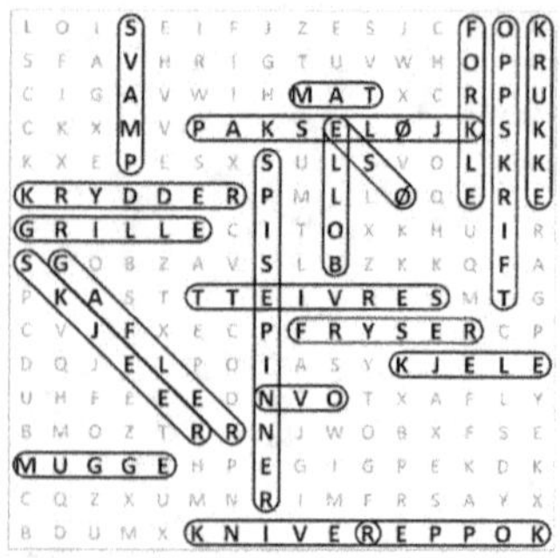

4 - Boten

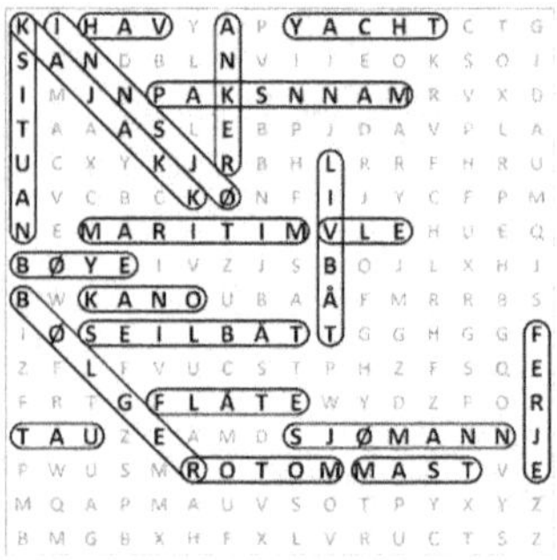

5 - Gezondheid en Welzijn #2

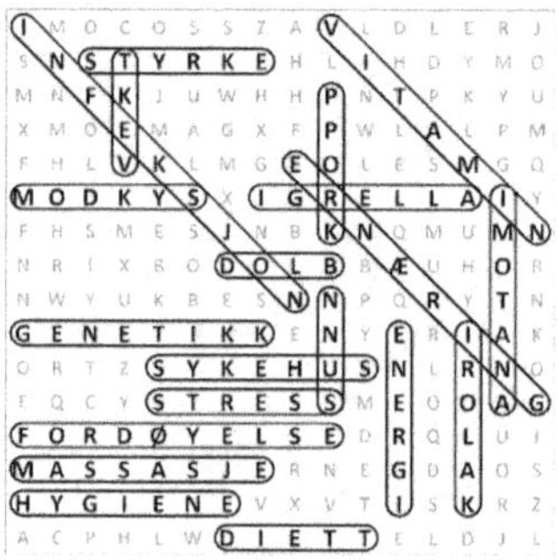

6 - Tijd

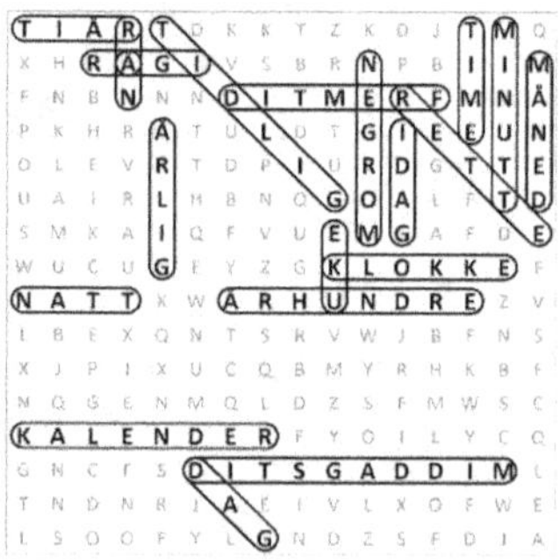

7 - Meditatie

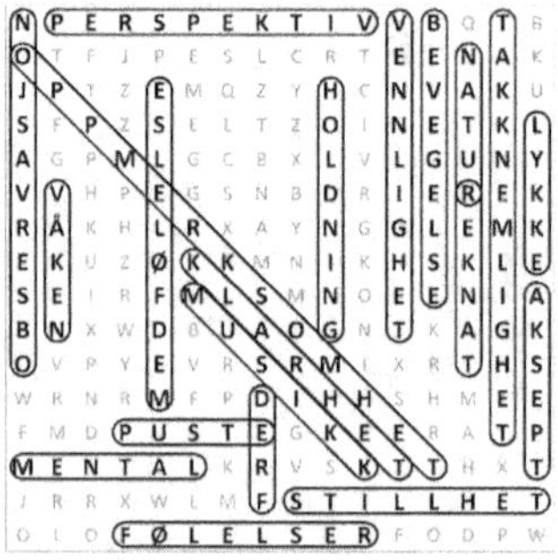

8 - Muziek

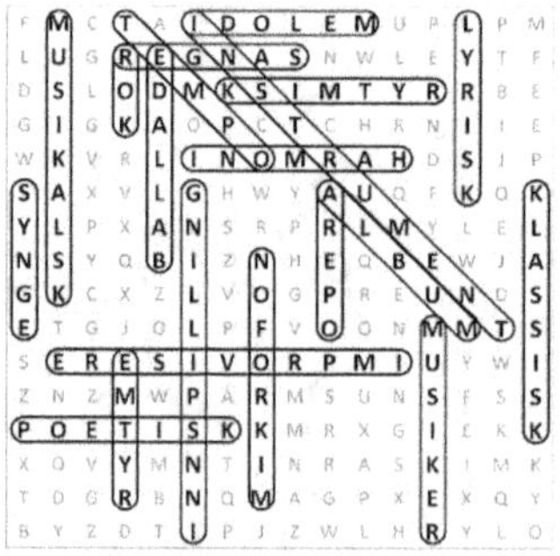

9 - Vogels

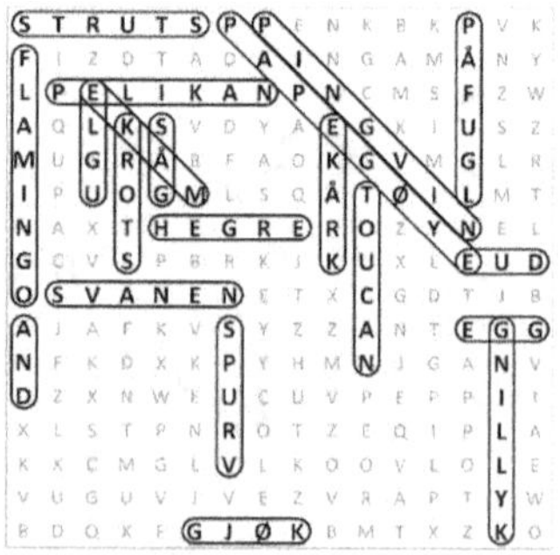

10 - Behoud

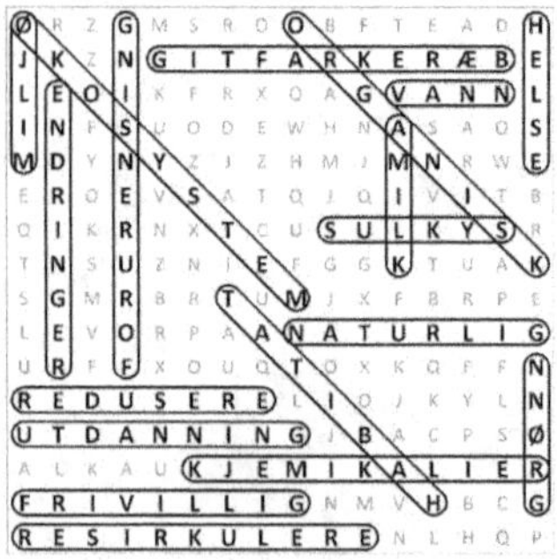

11 - Universum

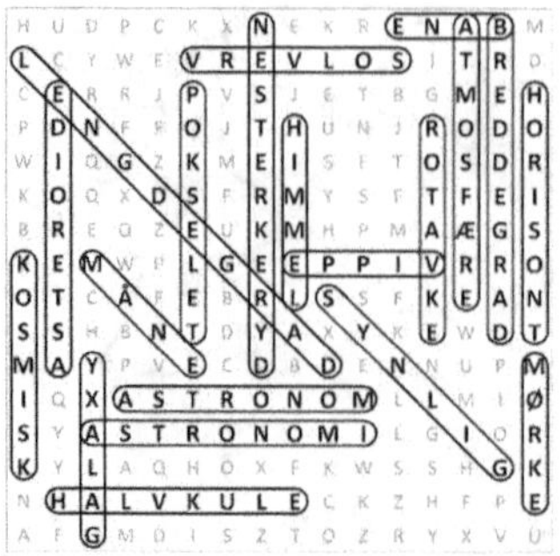

12 - Wiskunde

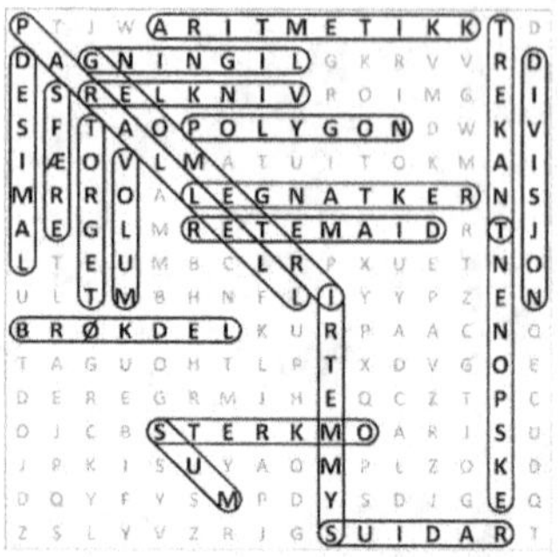

13 - Gezondheid en Welzijn #1

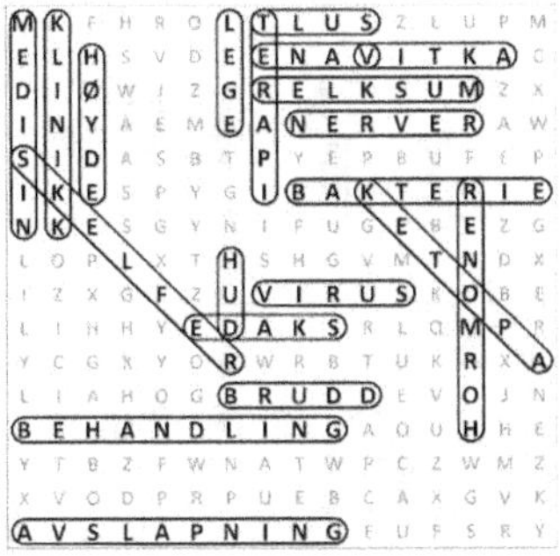

14 - Camping

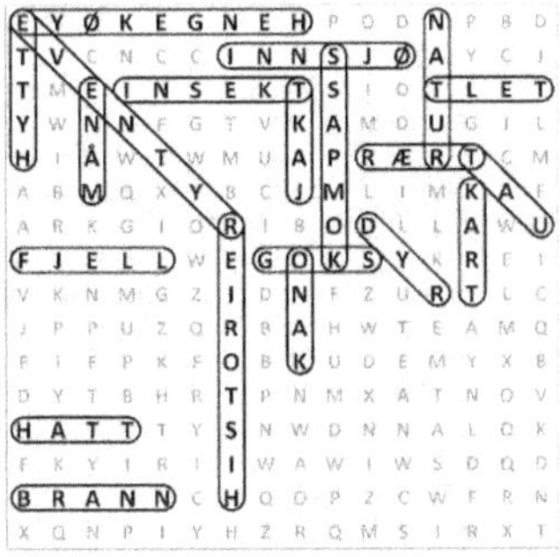

15 - Algebra

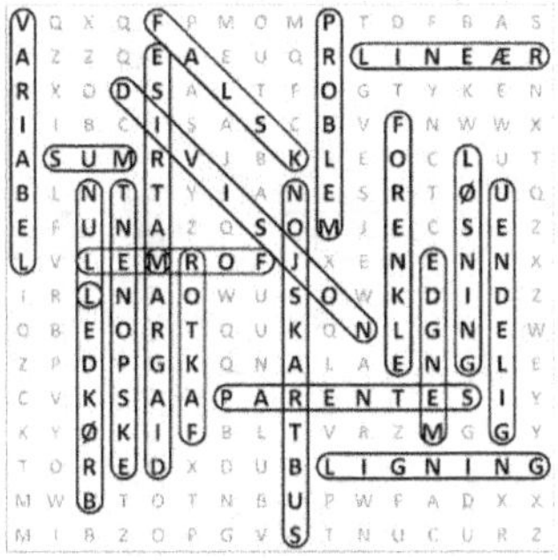

16 - Activiteiten

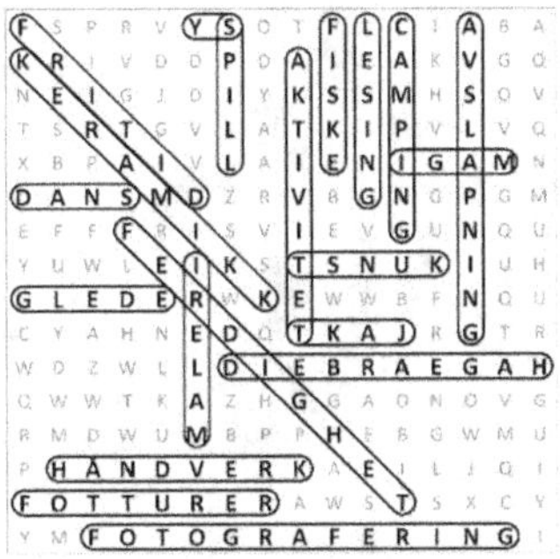

17 - Vormen

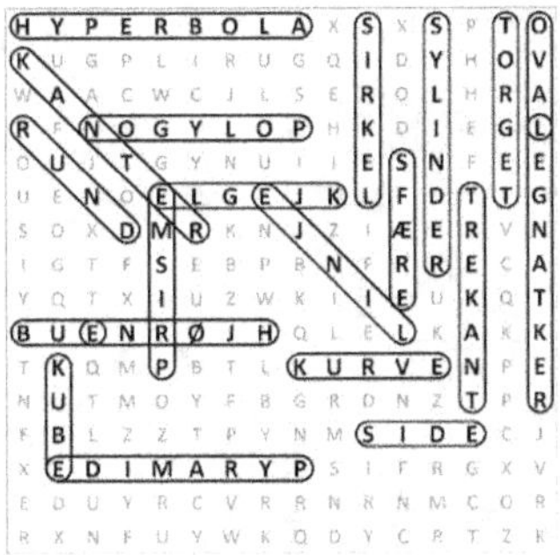

18 - Diplomatie

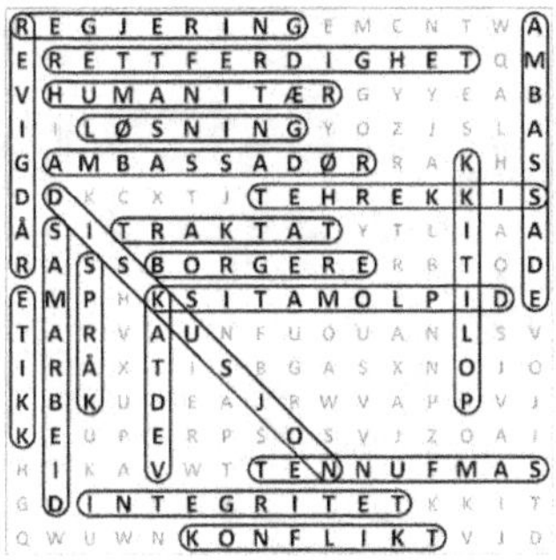

19 - Astronomie

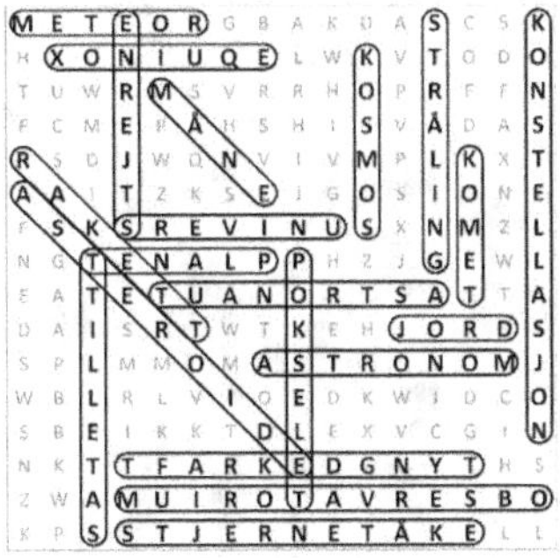

20 - Emoties

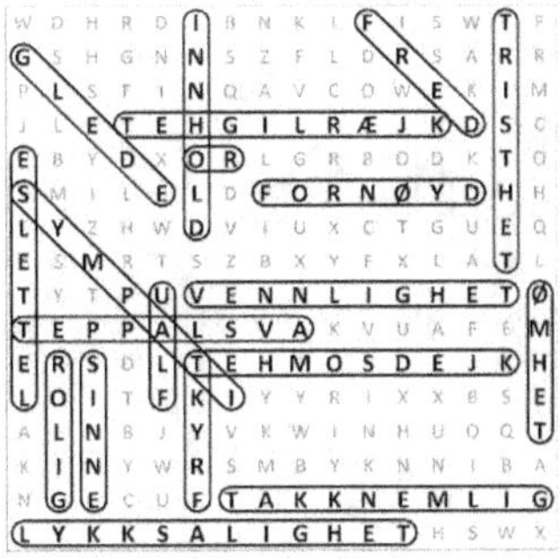

21 - Vakantie #2

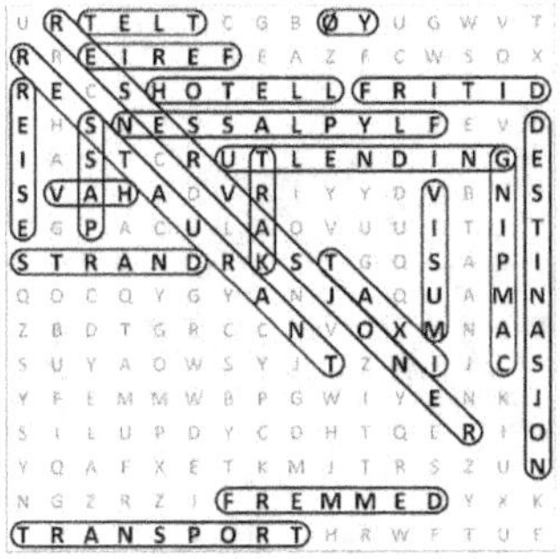

22 - Weersomstandigh

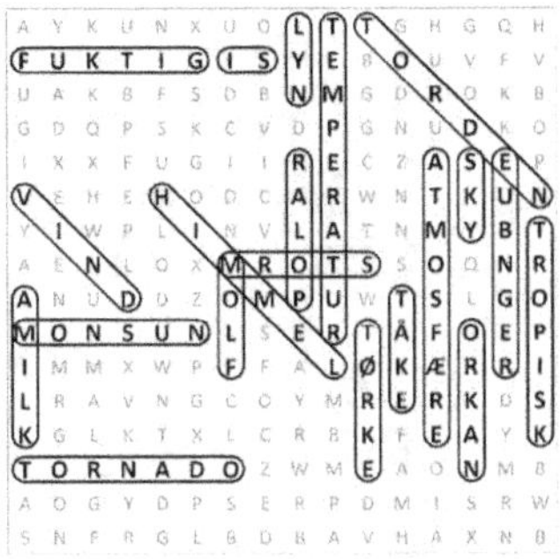

23 - Eten #2

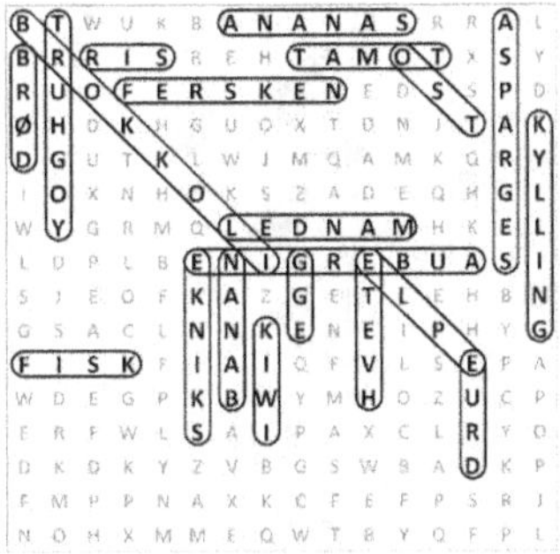

24 - Geologie

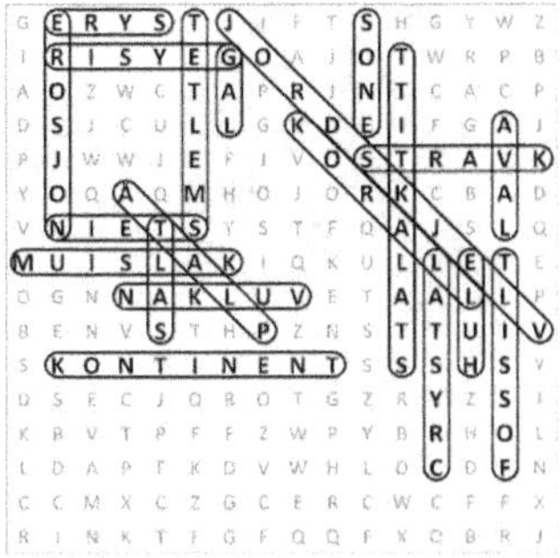

25 - Specerijen

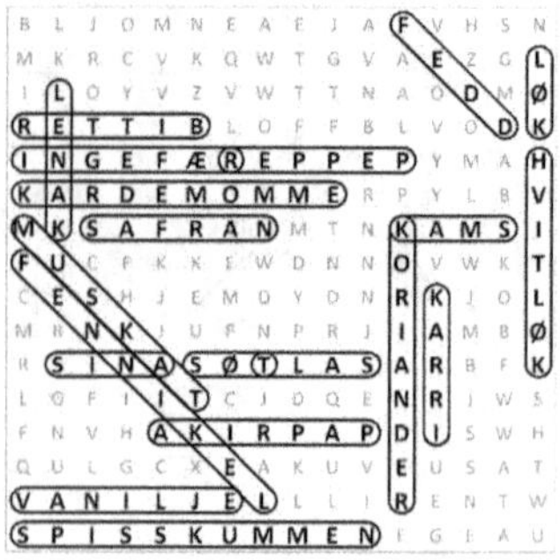

26 - Groenten

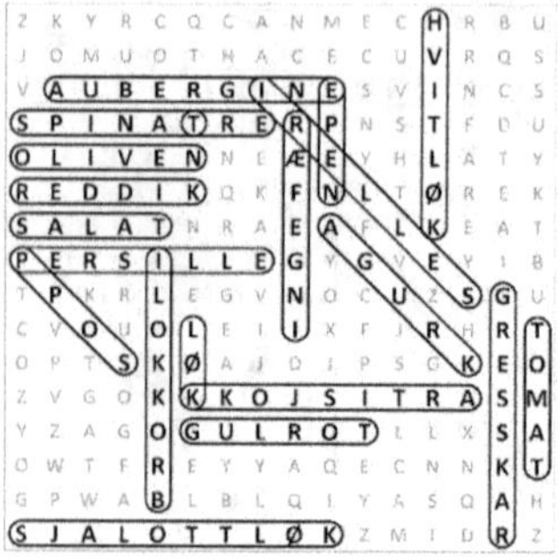

27 - Archeologie

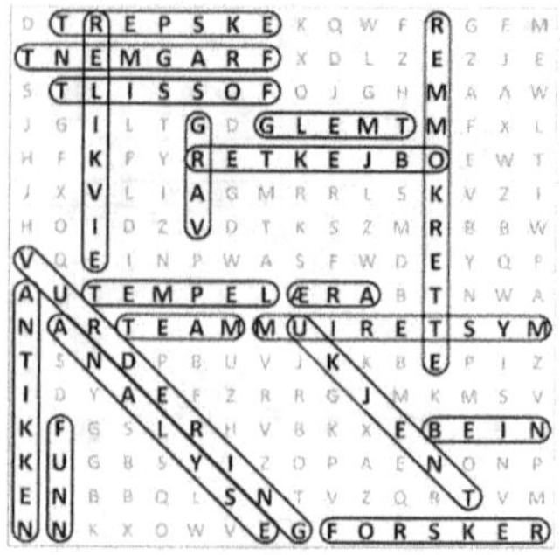

28 - Dans

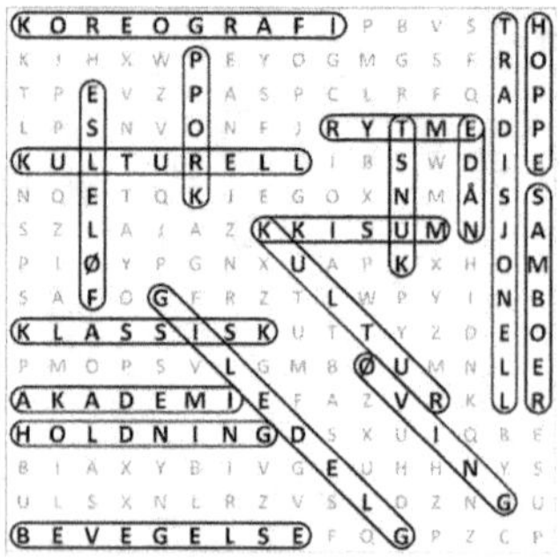

29 - Ziekte

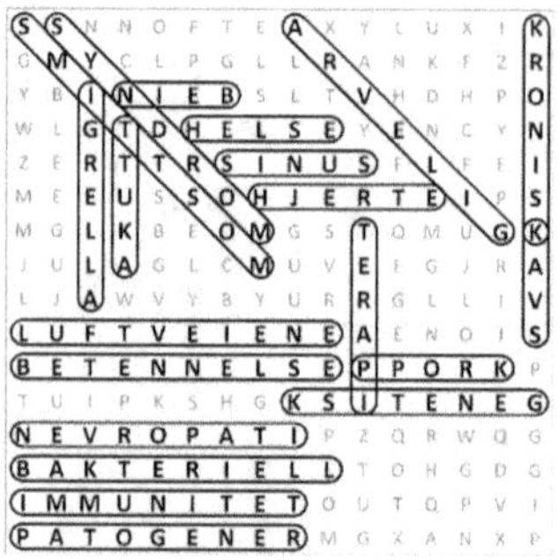

30 - Mythologie

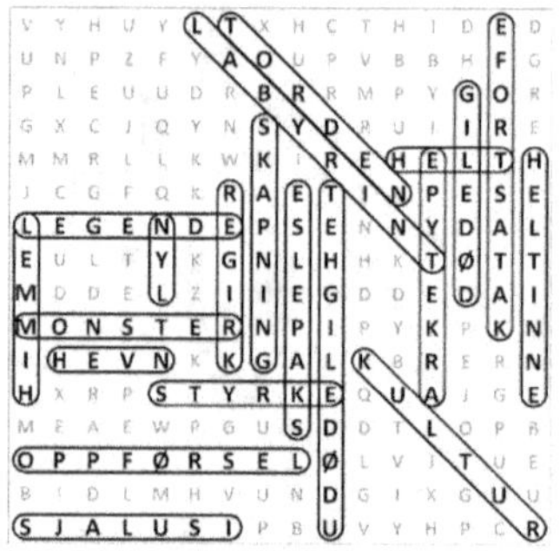

31 - Eten #1

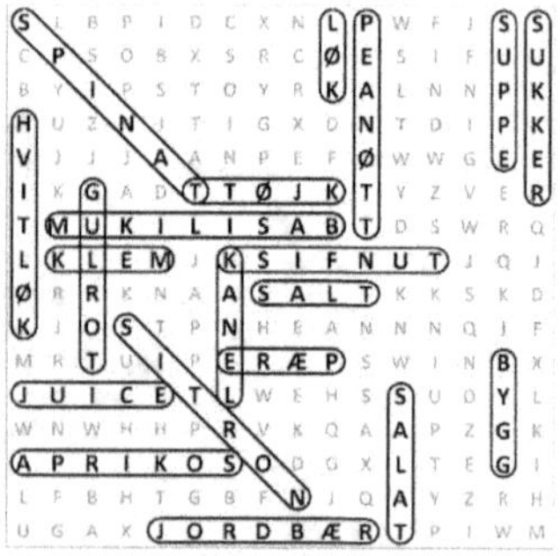

32 - Avontuur

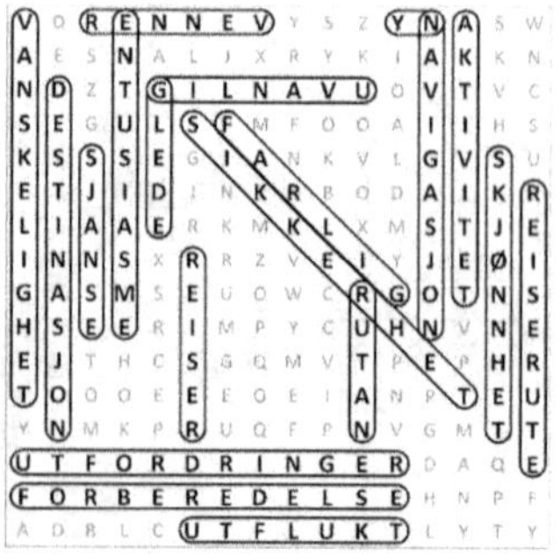

33 - Restaurant #2

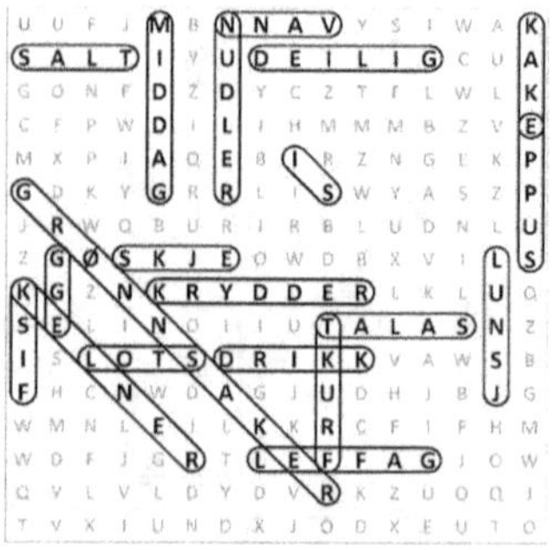

34 - De Media

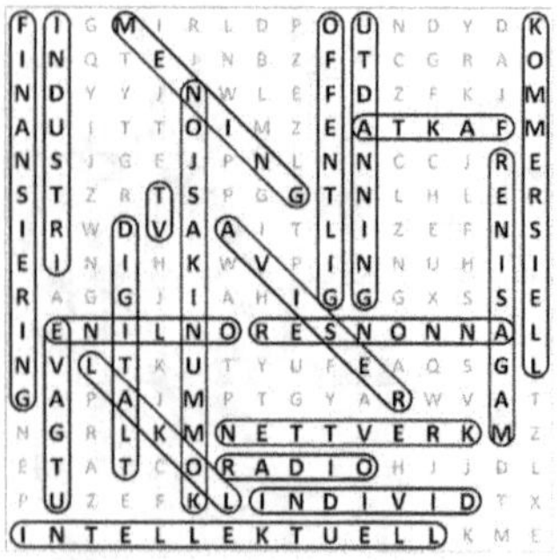

35 - Bijen

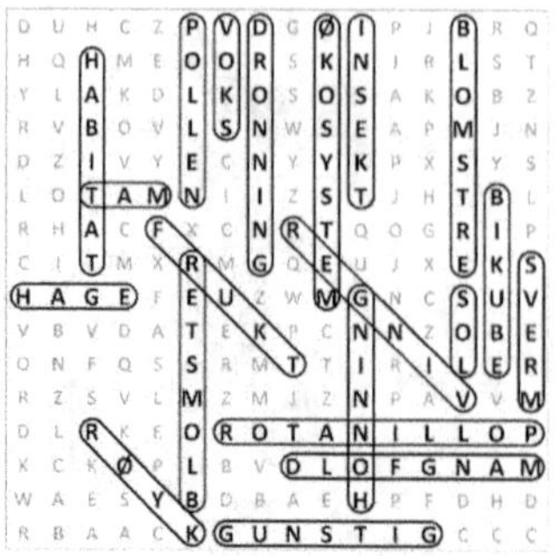

36 - Wandelen

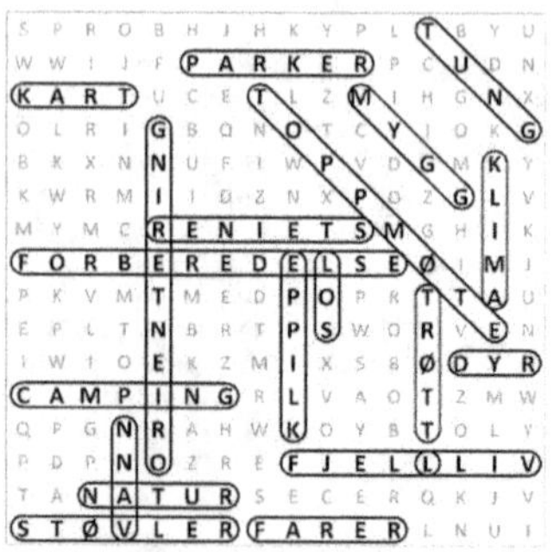

37 - Ecologie

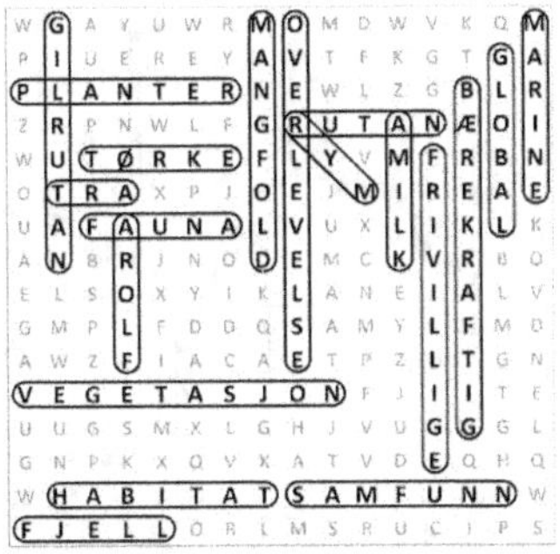

38 - Biologie

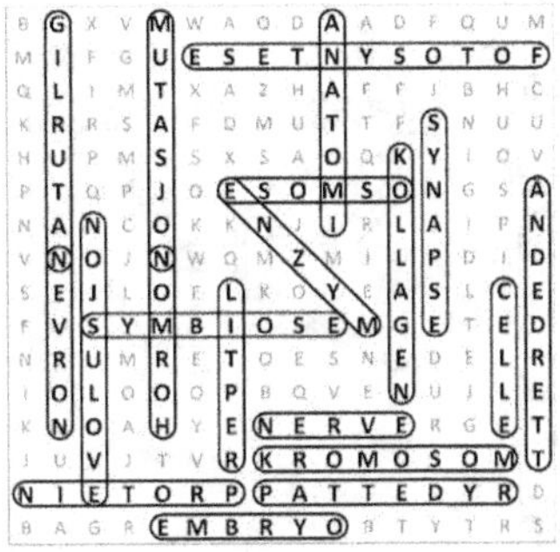

39 - Landen #1

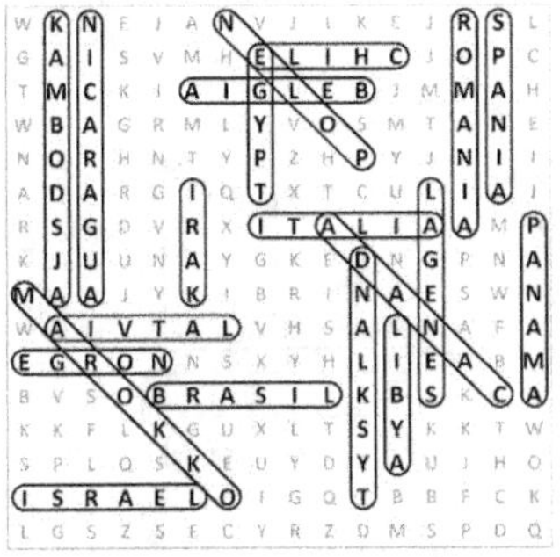

40 - Installaties

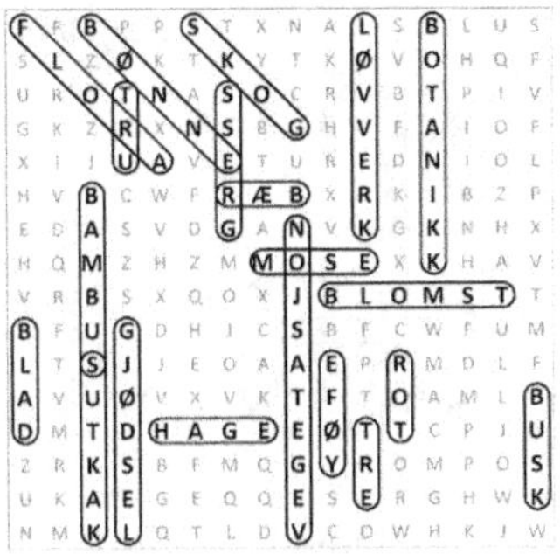

41 - Agronomie

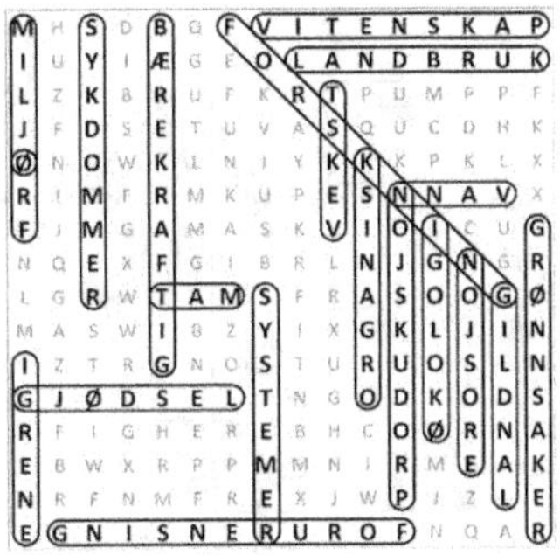

42 - Oceaan

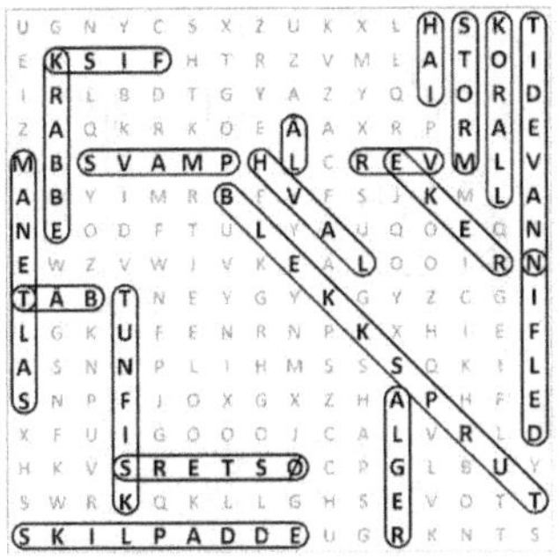

43 - Landen #2

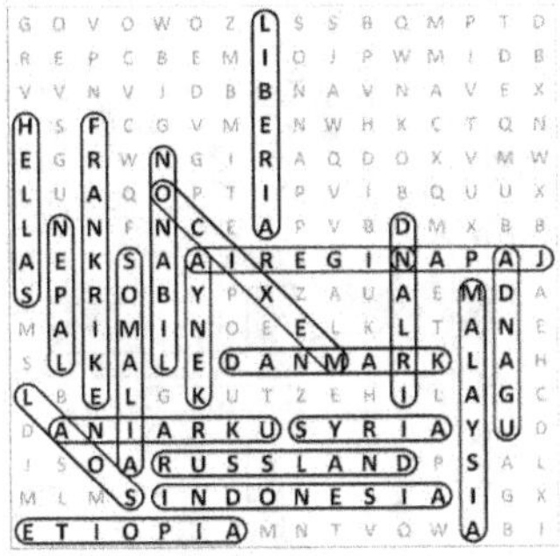

44 - Bloemen

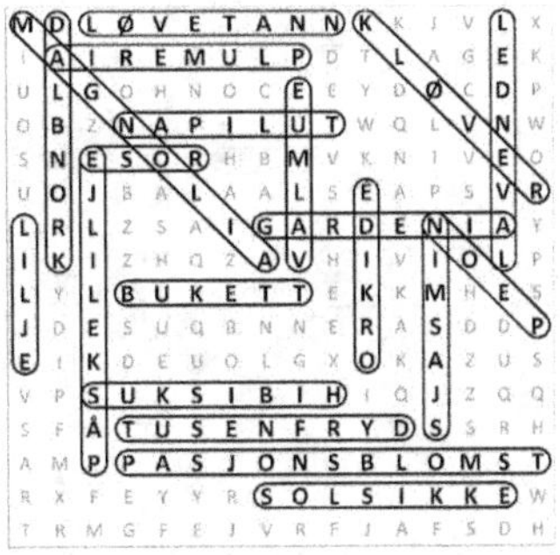

45 - Landschappen

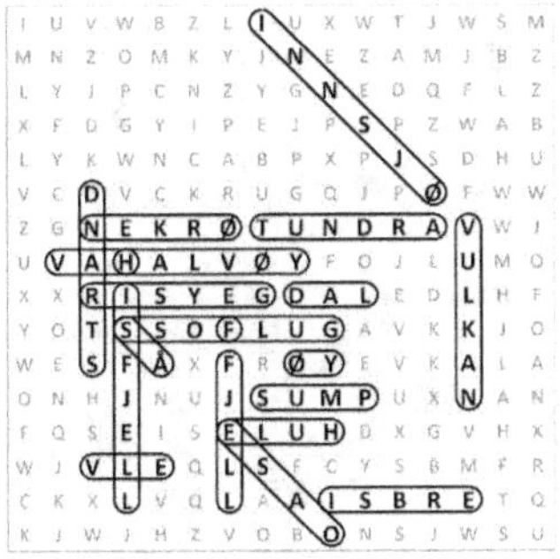

46 - Tuin

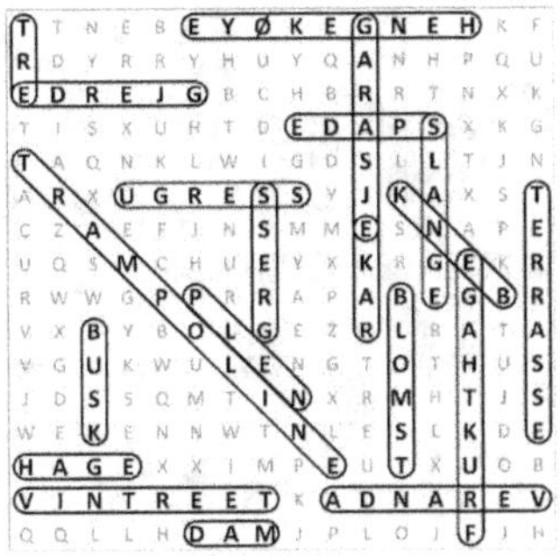

47 - Beroepen #2

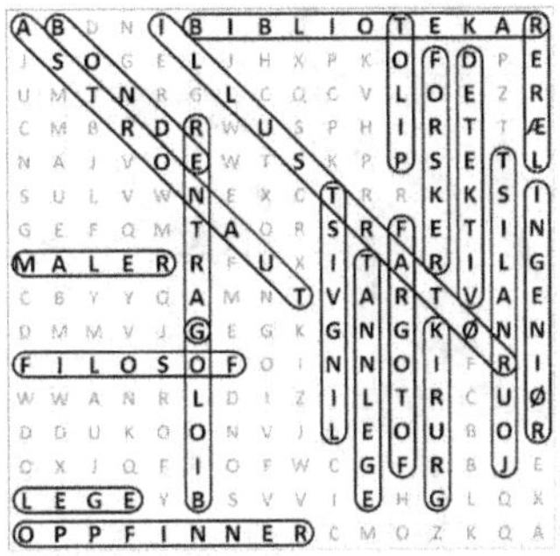

48 - Dagen en Maanden

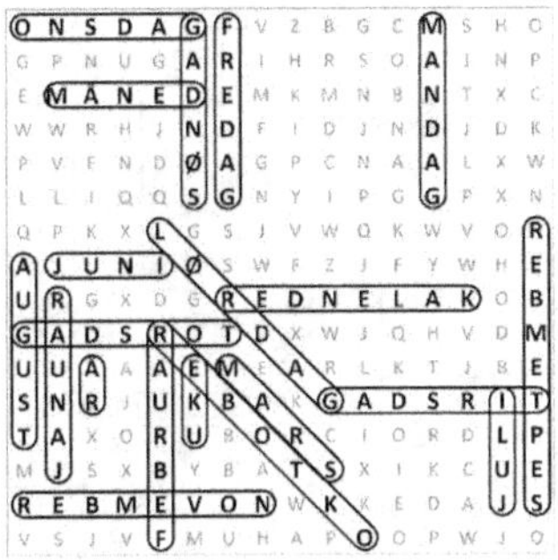

49 - Beeldende Kunsten

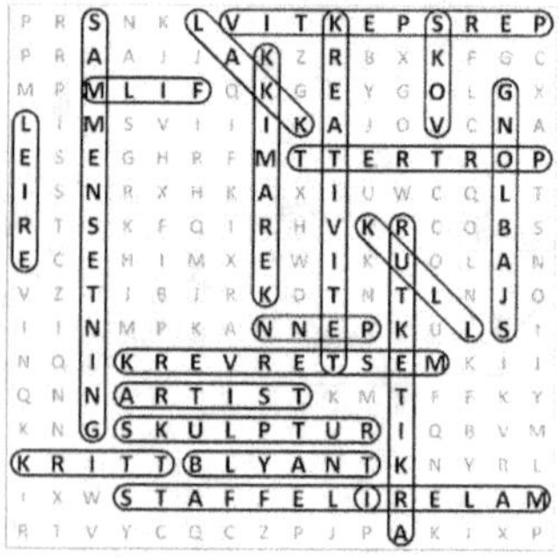

50 - Mode

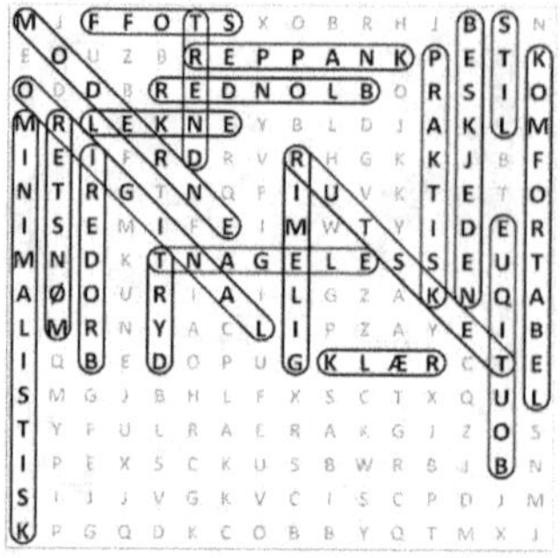

51 - Tuinieren

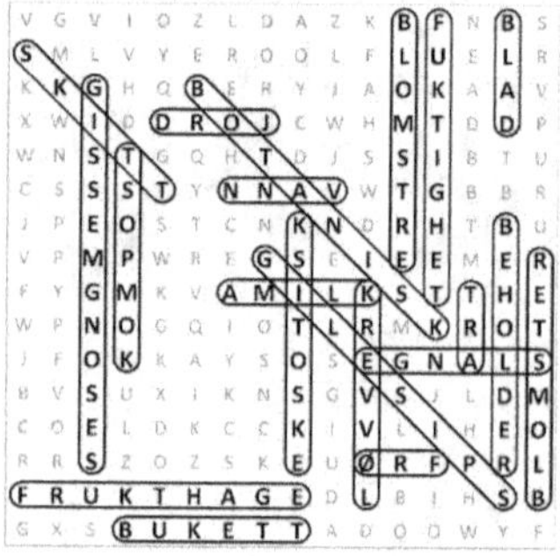

52 - Menselijk Lichaam

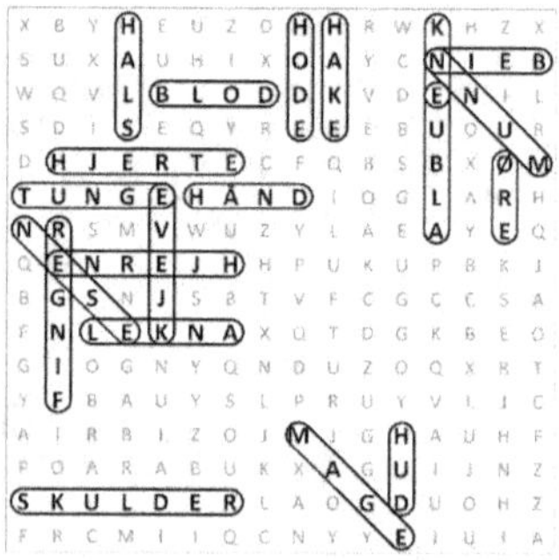

53 - Energie

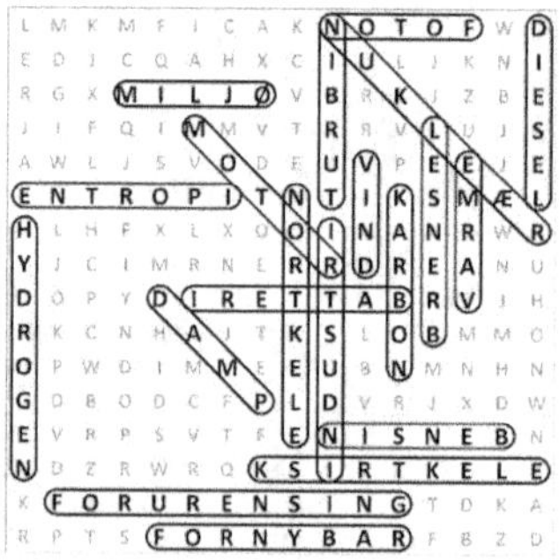

54 - Gebouwen

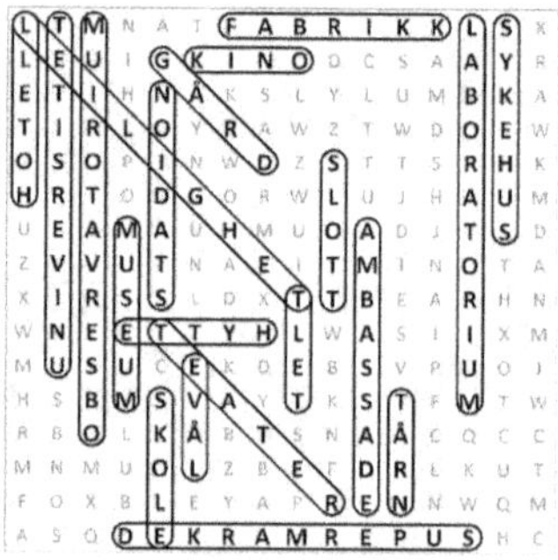

55 - Kunst

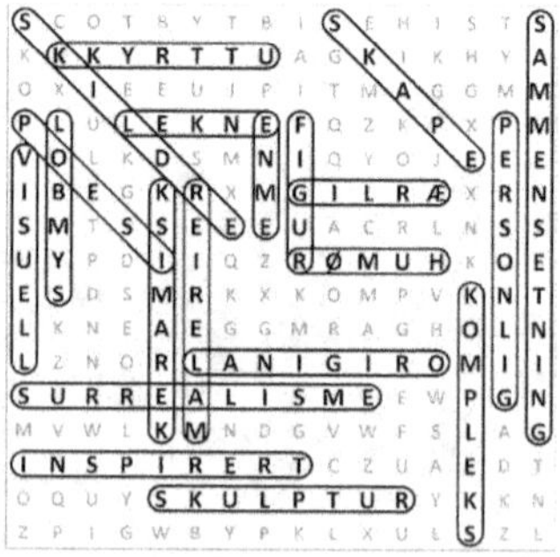

56 - Beroepen #1

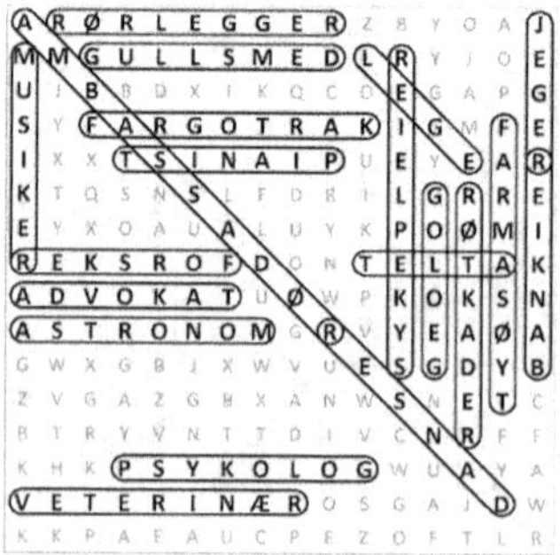

57 - Antarctica

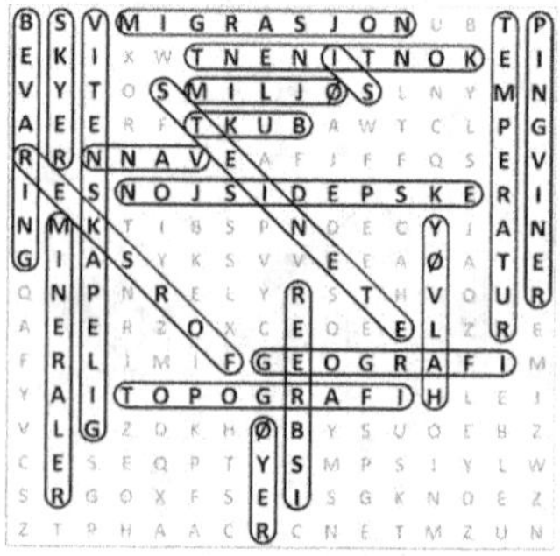

58 - Ballet

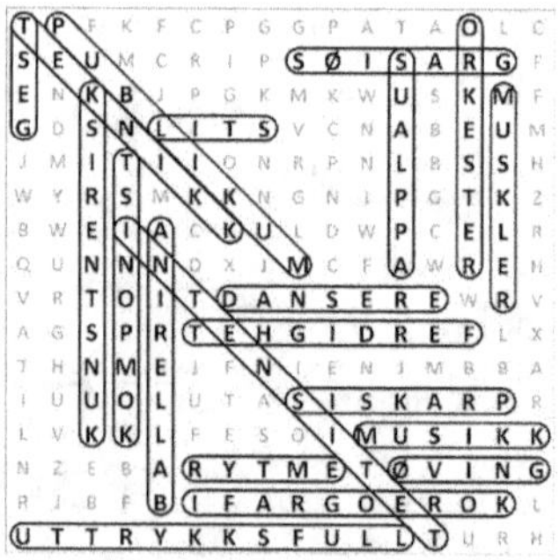

59 - Fruit

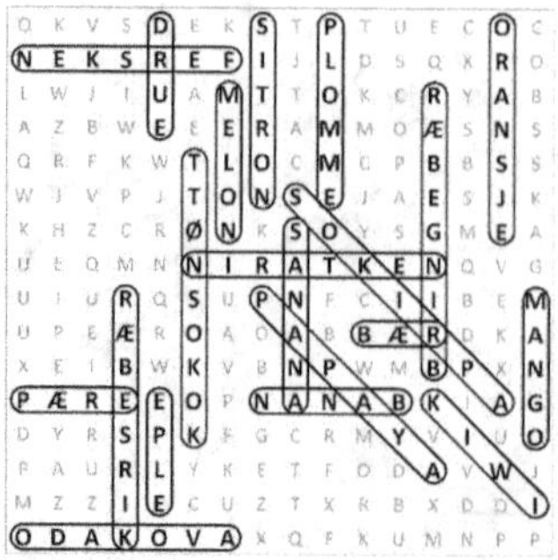

60 - Engineering

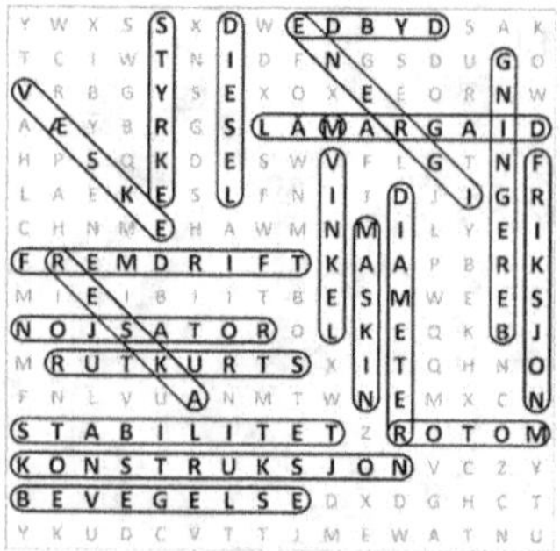

61 - Literatuur

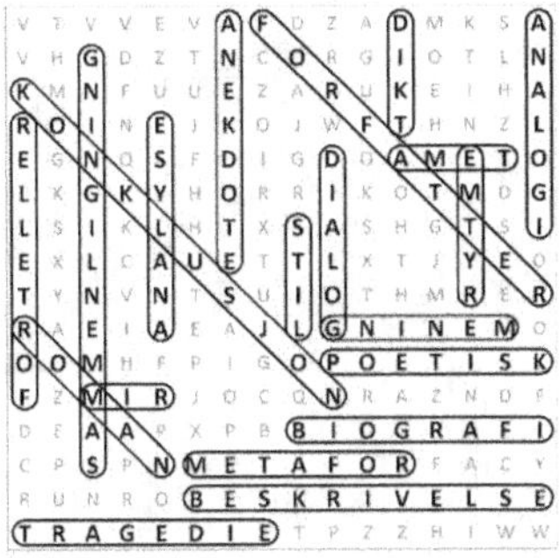

62 - Boeken

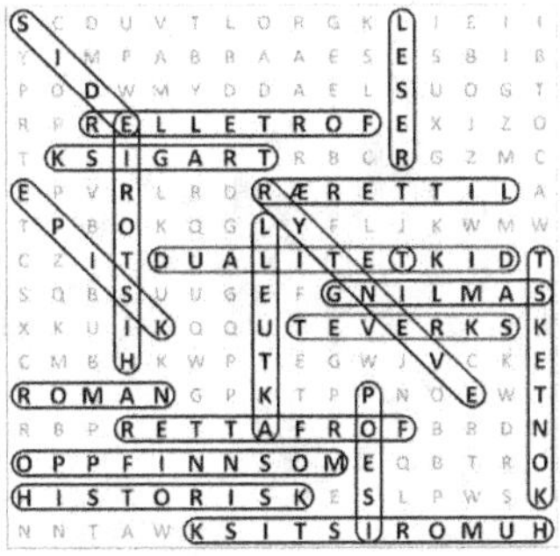

63 - Meer Informatie

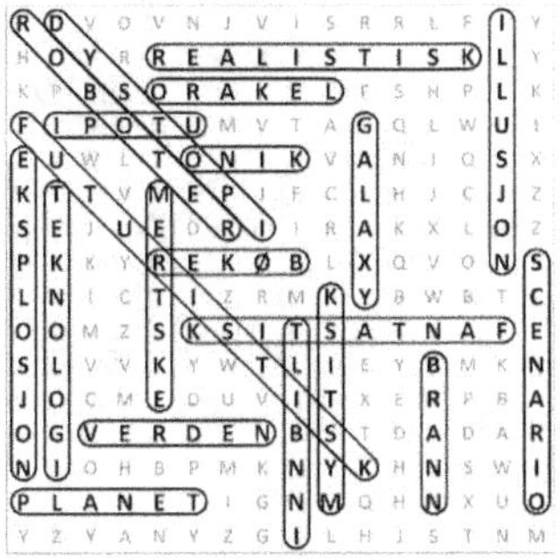

64 - Regenwoud

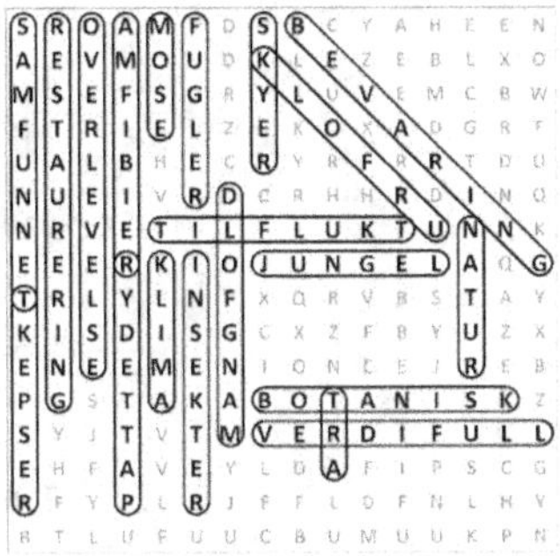

65 - Haartypes

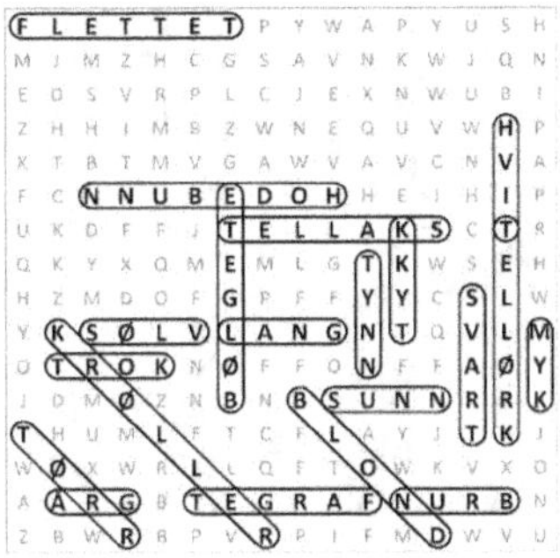

66 - Stad

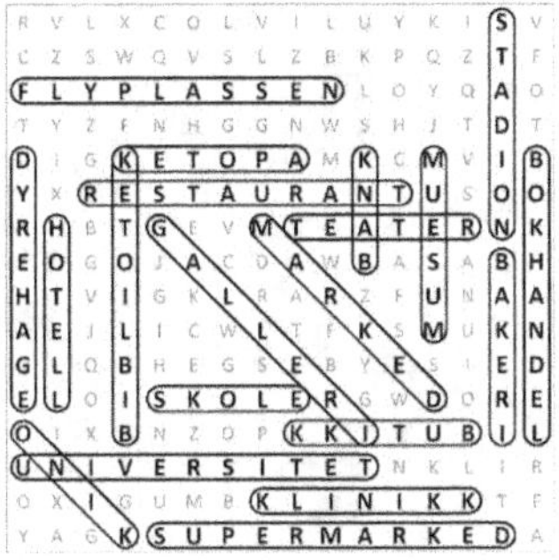

67 - Creativiteit

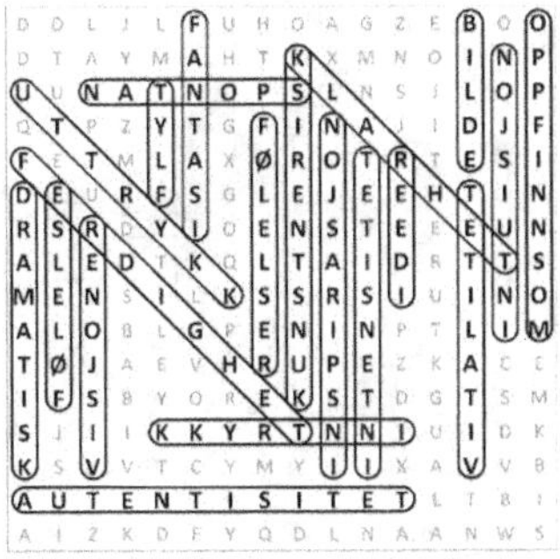

68 - Natuur

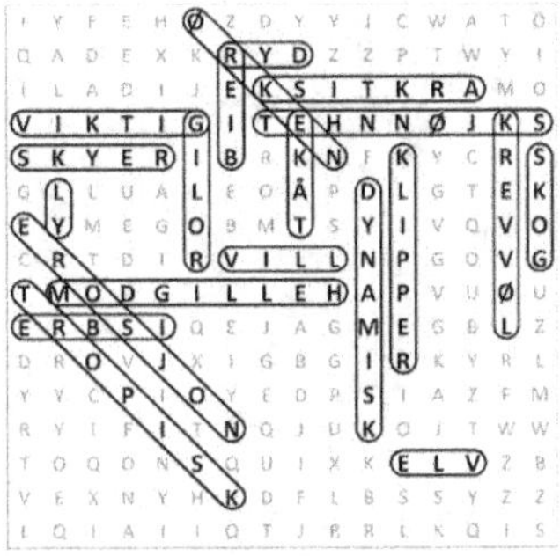

69 - Zoogdieren

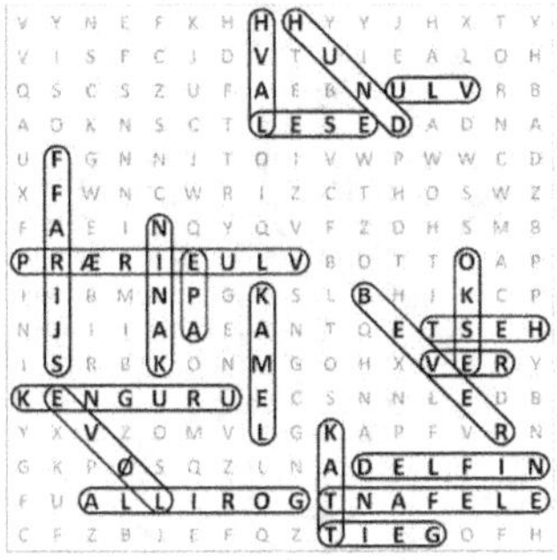

70 - Overheid

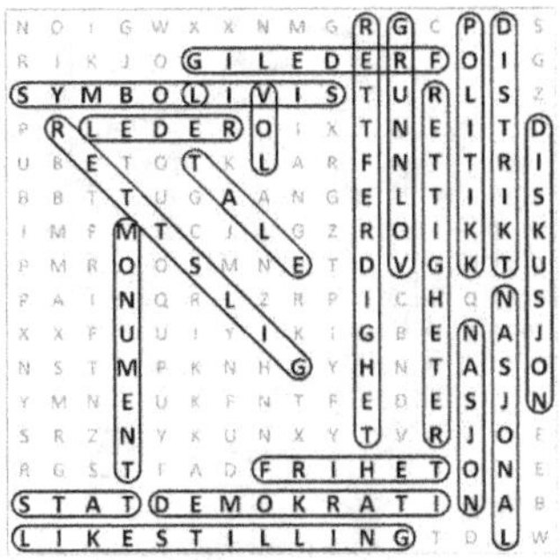

71 - Voertuigen

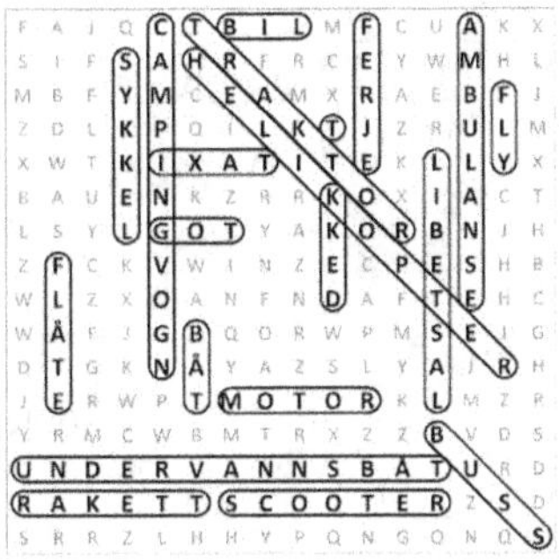

72 - Geografie

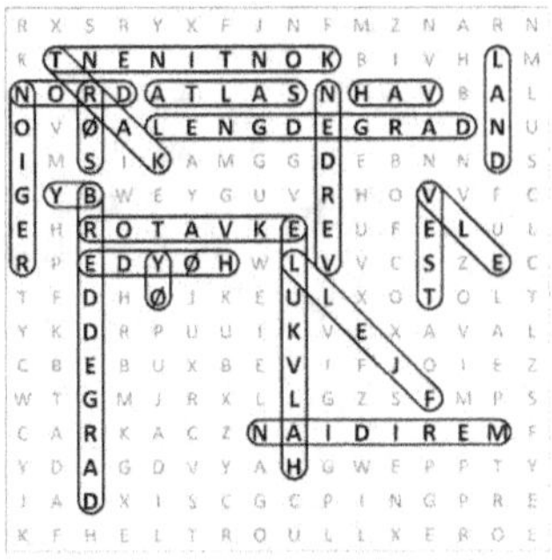

73 - Kunstbenodigdhe

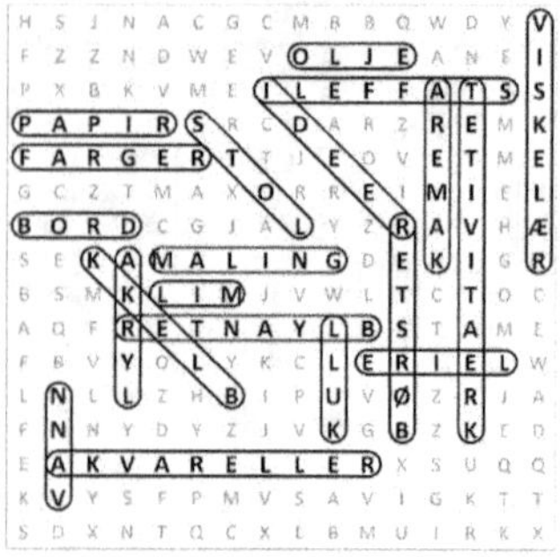

74 - Barbecues

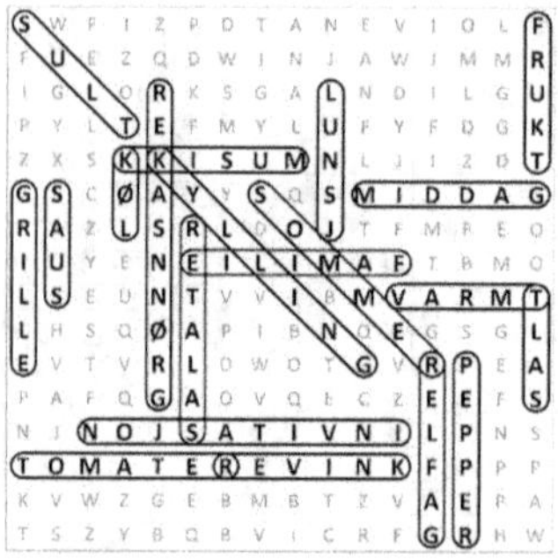

75 - Schoonheid

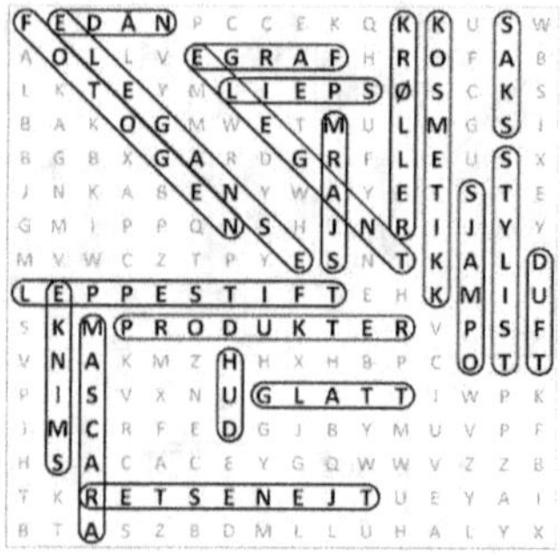

76 - Wetenschappelijk

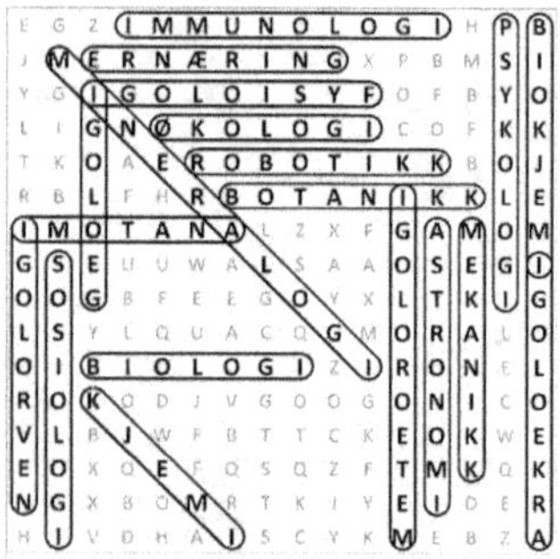

77 - Bijvoeglijke Naamwoorden

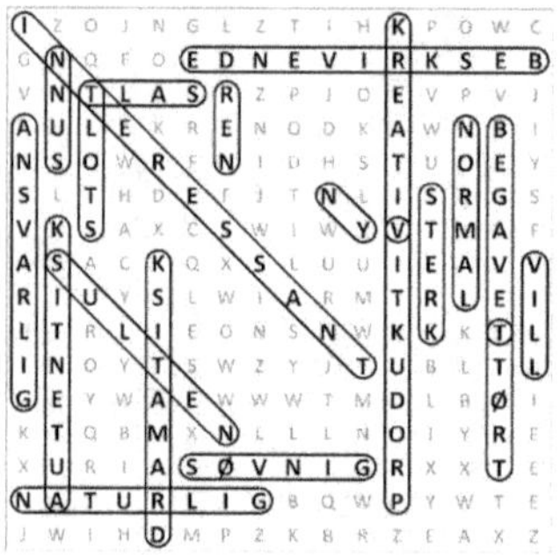

78 - Kleding

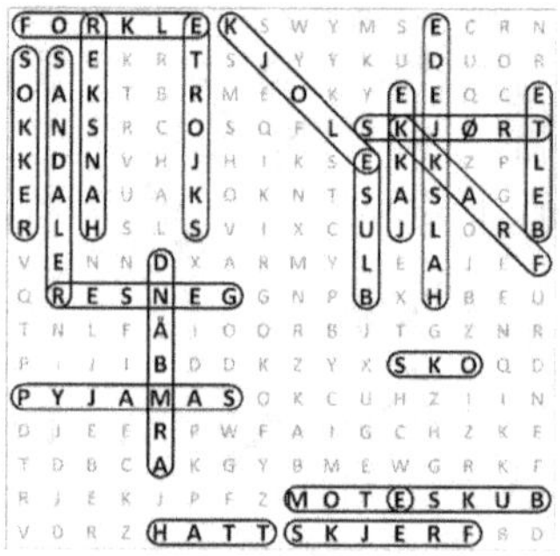

79 - Vliegtuigen

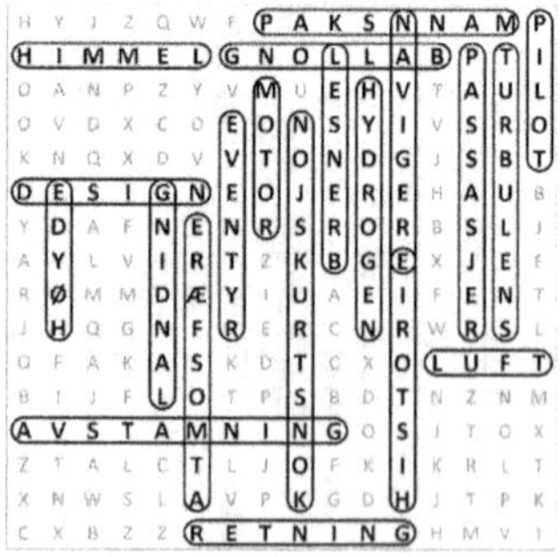

80 - Herbalisme

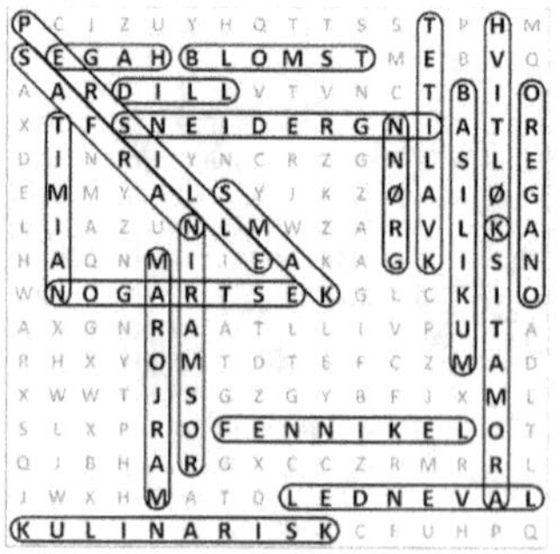

81 - Kracht en Zwaartekracht

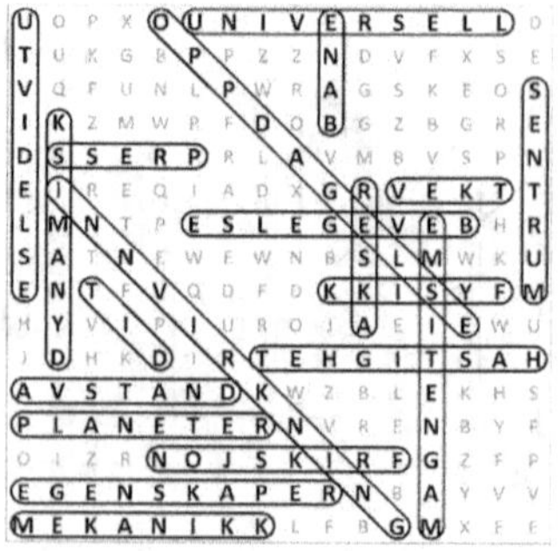

82 - Het Bedrijf

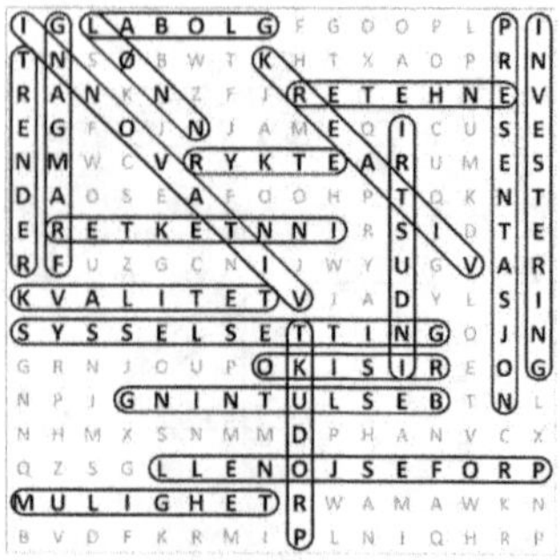

83 - Rijden

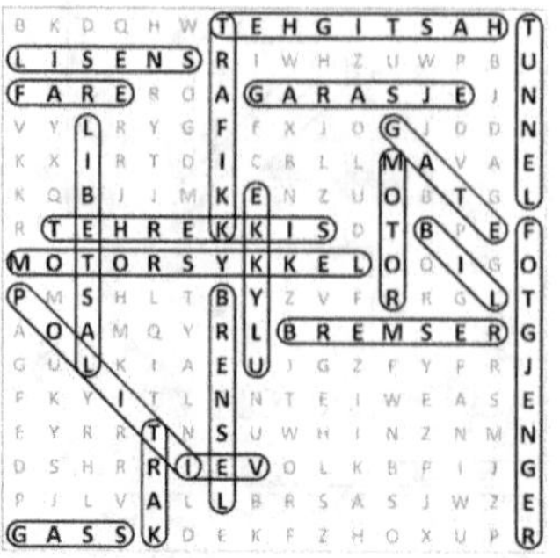

84 - Wetenschap

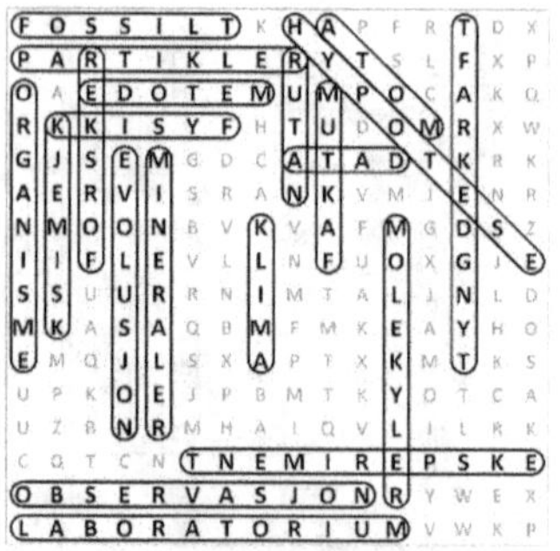

85 - Natuurkunde

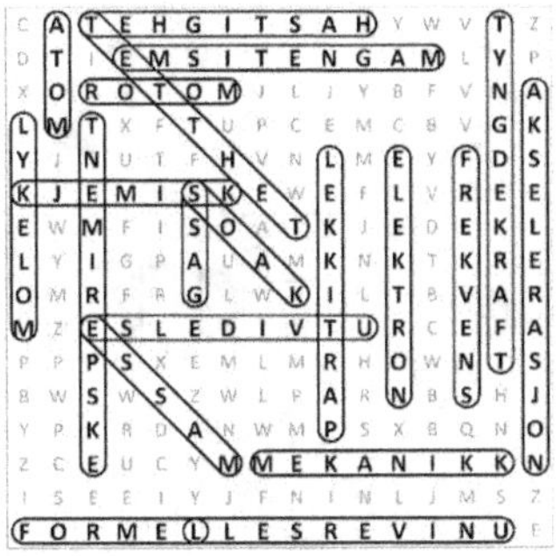

86 - Muziekinstrument

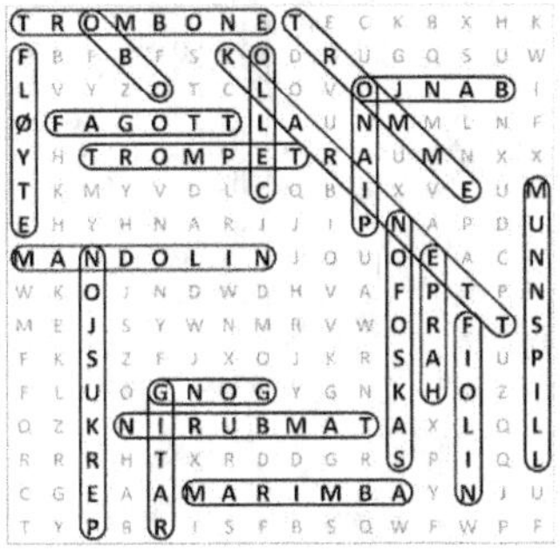

87 - Antiek

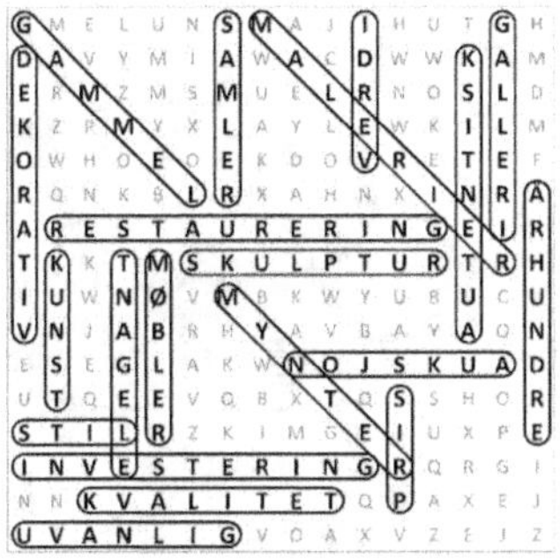

88 - Boerderij #1

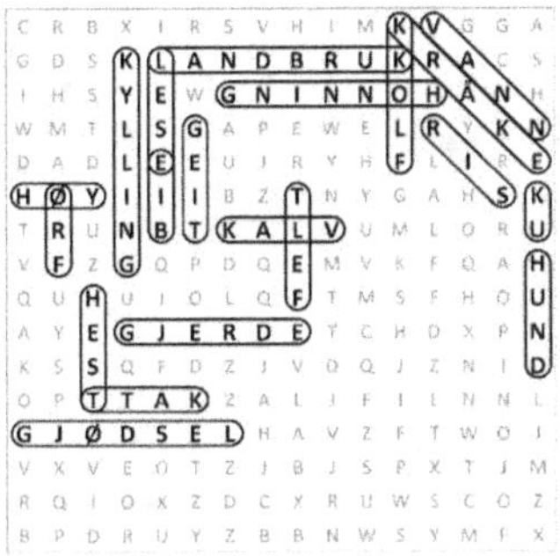

89 - Huis

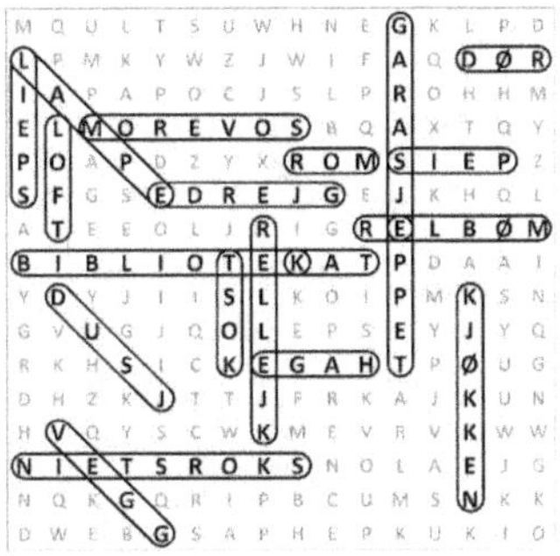

90 - Geometrie

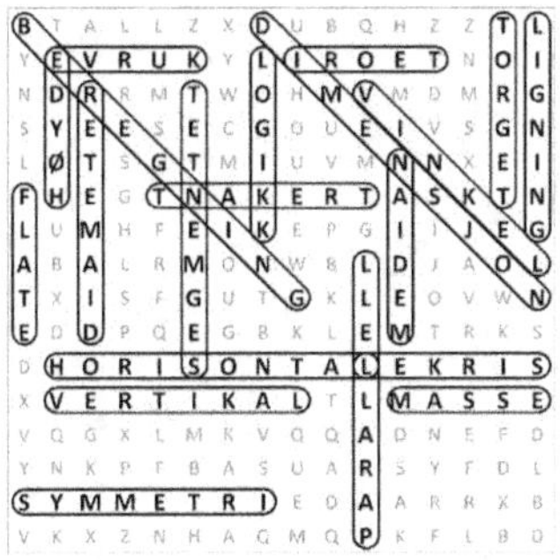

91 - Jazz

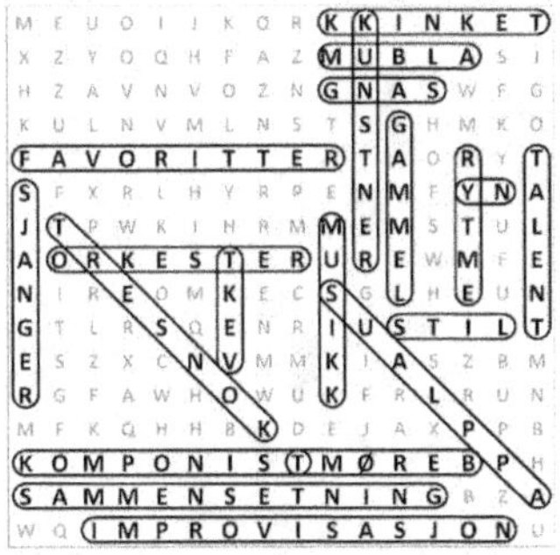

92 - Getallen

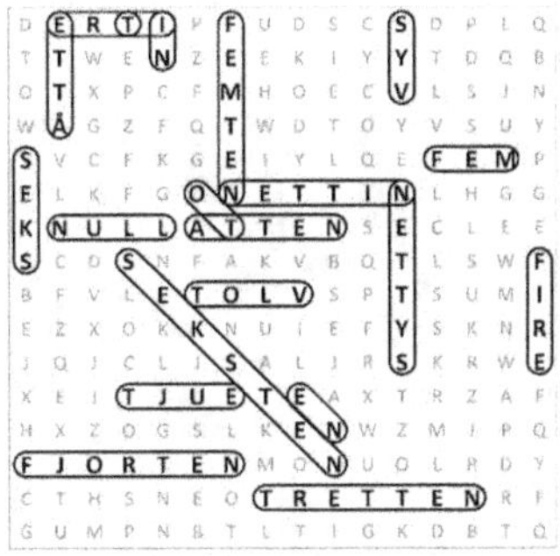

93 - Boksen

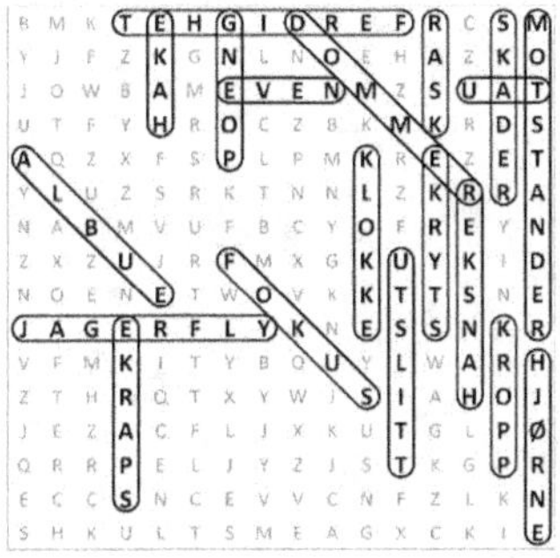

94 - Boerderij #2

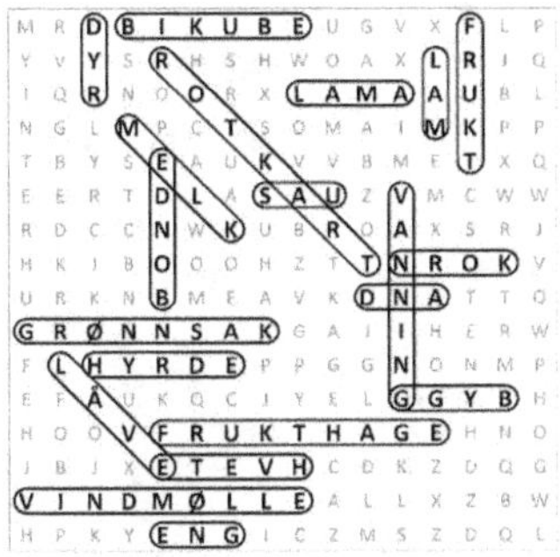

95 - Psychologie

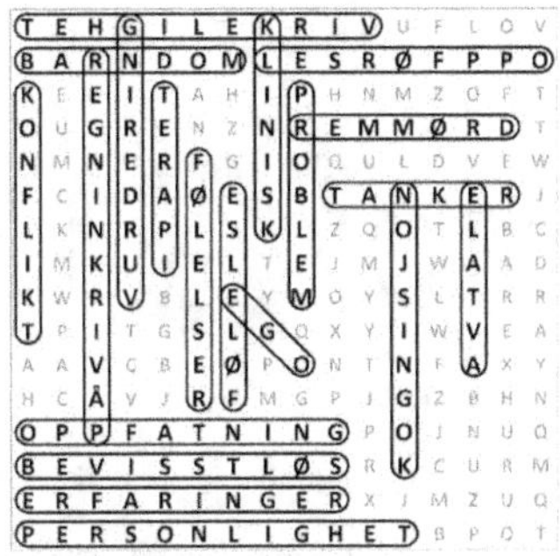

96 - Elektriciteit

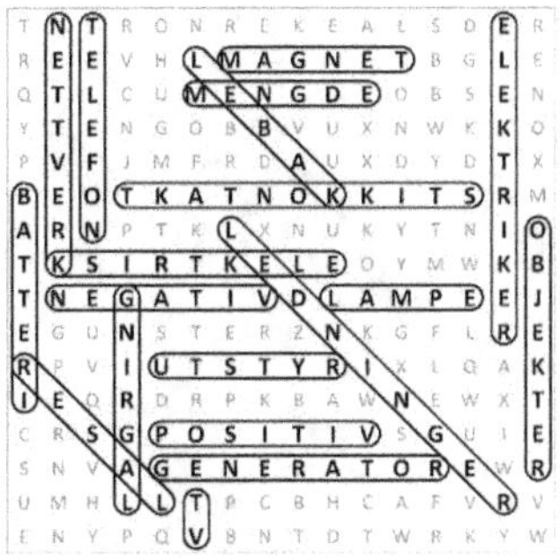

97 - Zakelijk

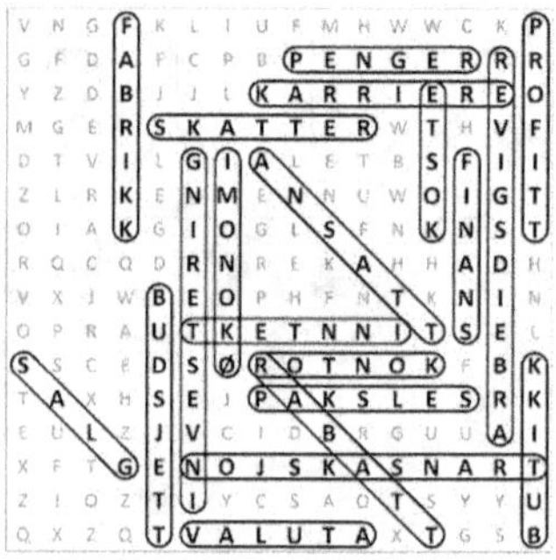

98 - Voeding

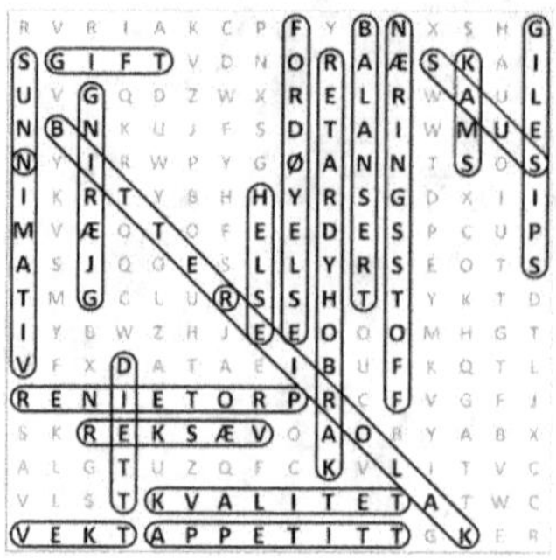

99 - Chemie

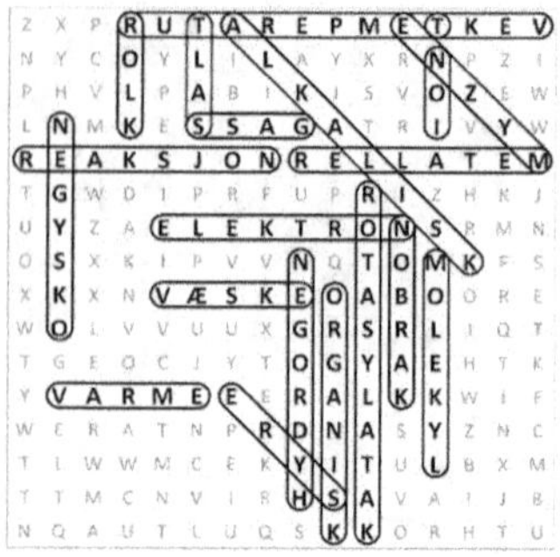

Woordenboek

Activiteiten
Aktiviteter

Activiteit	Aktivitet
Ambachten	Håndverk
Dansen	Dans
Fotografie	Fotografering
Games	Spill
Hengelsport	Fiske
Jacht	Jakt
Kamperen	Camping
Keramiek	Keramikk
Kunst	Kunst
Lezen	Lesing
Magie	Magi
Naaien	Sy
Ontspanning	Avslapning
Plezier	Glede
Schilderij	Maleri
Tuinieren	Hagearbeid
Vaardigheid	Ferdighet
Vrije Tijd	Fritid
Wandelen	Fotturer

Agronomie
Agronomi

Duurzaam	Bærekraftig
Ecologie	Økologi
Energie	Energi
Erosie	Erosjon
Groei	Vekst
Groente	Grønnsaker
Landbouw	Landbruk
Landelijk	Landlig
Mest	Gjødsel
Omgeving	Miljø
Onderzoek	Forskning
Organisch	Organisk
Productie	Produksjon
Systemen	Systemer
Vervuiling	Forurensing
Voedsel	Mat
Water	Vann
Wetenschap	Vitenskap
Zaden	Frø
Ziekten	Sykdommer

Algebra
Algebra

Aftrekken	Subtraksjon
Diagram	Diagram
Divisie	Divisjon
Exponent	Eksponent
Factor	Faktor
Formule	Formel
Fractie	Brøkdel
Haakje	Parentes
Hoeveelheid	Mengde
Lineair	Lineær
Matrix	Matrise
Nul	Null
Oneindig	Uendelig
Oplossing	Løsning
Probleem	Problem
Som	Sum
Vals	Falsk
Variabele	Variabel
Vereenvoudigen	Forenkle
Vergelijking	Ligning

Antarctica
Antarktis

Baai	Bukt
Behoud	Bevaring
Continent	Kontinent
Eilanden	Øyer
Expeditie	Ekspedisjon
Geografie	Geografi
Gletsjers	Isbreer
Ijs	Is
Migratie	Migrasjon
Mineralen	Mineraler
Omgeving	Miljø
Onderzoeker	Forsker
Pinguïn	Pingviner
Rotsachtig	Steinete
Schiereiland	Halvøy
Temperatuur	Temperatur
Topografie	Topografi
Water	Vann
Wetenschappelijk	Vitenskapelig
Wolken	Skyer

Antiek
Antikviteter

Authentiek	Autentisk
Beeldhouwwerk	Skulptur
Decoratief	Dekorativ
Eeuw	Århundre
Elegant	Elegant
Galerij	Galleri
Investering	Investering
Kunst	Kunst
Kwaliteit	Kvalitet
Meubilair	Møbler
Munten	Mynter
Ongewoon	Uvanlig
Oud	Gammel
Prijs	Pris
Restauratie	Restaurering
Schilderijen	Malerier
Stijl	Stil
Veiling	Auksjon
Verzamelaar	Samler
Waarde	Verdi

Archeologie
Arkeologi

Analyse	Analyse
Beschaving	Sivilisasjon
Bevindingen	Funn
Botten	Bein
Deskundige	Ekspert
Evaluatie	Vurdering
Fossiel	Fossilt
Fragmenten	Fragment
Graf	Grav
Mysterie	Mysterium
Nakomeling	Etterkommer
Objecten	Objekter
Onbekend	Ukjent
Onderzoeker	Forsker
Oudheid	Antikken
Relikwie	Relikvie
Team	Team
Tempel	Tempel
Tijdperk	Æra
Vergeten	Glemt

Astronomie
Astronomi

Aarde	Jord
Asteroïde	Asteroide
Astronaut	Astronaut
Astronoom	Astronom
Equinox	Equinox
Komeet	Komet
Kosmos	Kosmos
Maan	Måne
Meteoor	Meteor
Nevel	Stjernetåke
Observatorium	Observatorium
Planeet	Planet
Raket	Rakett
Satelliet	Satellitt
Ster	Stjerne
Sterrenbeeld	Konstellasjon
Straling	Stråling
Telescoop	Teleskop
Universum	Univers
Zwaartekracht	Tyngdekraft

Avontuur
Eventyr

Activiteit	Aktivitet
Bestemming	Destinasjon
Enthousiasme	Entusiasme
Excursie	Utflukt
Gevaarlijk	Farlig
Kans	Sjanse
Moeilijkheid	Vanskelighet
Natuur	Natur
Navigatie	Navigasjon
Nieuw	Ny
Ongewoon	Uvanlig
Reisplan	Reiserute
Reizen	Reiser
Schoonheid	Skjønnhet
Uitdagingen	Utfordringer
Veiligheid	Sikkerhet
Verrassend	Overraskende
Voorbereiding	Forberedelse
Vreugde	Glede
Vrienden	Venner

Ballet
Ballett

Applaus	Applaus
Artistiek	Kunstnerisk
Ballerina	Ballerina
Choreografie	Koreografi
Componist	Komponist
Dansers	Dansere
Expressief	Uttrykksfull
Gebaar	Gest
Intensiteit	Intensitet
Muziek	Musikk
Orkest	Orkester
Praktijk	Praksis
Publiek	Publikum
Repetitie	Øving
Ritme	Rytme
Sierlijk	Grasiøs
Spieren	Muskler
Stijl	Stil
Techniek	Teknikk
Vaardigheid	Ferdighet

Barbecues
Grilling

Diner	Middag
Familie	Familie
Fruit	Frukt
Grill	Grille
Groente	Grønnsaker
Heet	Varmt
Honger	Sult
Kip	Kylling
Lunch	Lunsj
Messen	Kniver
Muziek	Musikk
Peper	Pepper
Salades	Salater
Saus	Saus
Tomaten	Tomater
Uien	Løk
Uitnodiging	Invitasjon
Vorken	Gafler
Zomer	Sommer
Zout	Salt

Beeldende Kunsten
Bildende Kunst

Architectuur	Arkitektur
Artiest	Artist
Beeldhouwwerk	Skulptur
Creativiteit	Kreativitet
Ezel	Staffeli
Film	Film
Houtskool	Kull
Keramiek	Keramikk
Klei	Leire
Krijt	Kritt
Meesterwerk	Mesterverk
Pen	Penn
Perspectief	Perspektiv
Portret	Portrett
Potlood	Blyant
Samenstelling	Sammensetning
Schilderij	Maleri
Stencil	Sjablong
Vernis	Lakk
Was	Voks

Behoud
Bevaring

Chemicaliën	Kjemikalier
Duurzaam	Bærekraftig
Ecosysteem	Økosystem
Fiets	Syklus
Gezondheid	Helse
Groen	Grønn
Habitat	Habitat
Klimaat	Klima
Milieu	Miljø
Natuurlijk	Naturlig
Onderwijs	Utdanning
Organisch	Organisk
Recycleren	Resirkulere
Veranderingen	Endringer
Verminderen	Redusere
Vervuiling	Forurensing
Vrijwilliger	Frivillig
Water	Vann
Zorg	Bekymring

Beroepen #1
Yrker # 1

Advocaat	Advokat
Ambassadeur	Ambassadør
Apotheker	Farmasøyt
Astronoom	Astronom
Atleet	Atlet
Bankier	Bankier
Cartograaf	Kartograf
Danser	Danser
Dierenarts	Veterinær
Dokter	Lege
Editor	Redaktør
Geoloog	Geolog
Jager	Jeger
Juwelier	Gullsmed
Loodgieter	Rørlegger
Muzikant	Musiker
Pianist	Pianist
Psycholoog	Psykolog
Verpleegster	Sykepleier
Wetenschapper	Forsker

Beroepen #2
Yrker # 2

Arts	Lege
Astronaut	Astronaut
Bibliothecaris	Bibliotekar
Bioloog	Biolog
Boer	Bonde
Chirurg	Kirurg
Detective	Detektiv
Filosoof	Filosof
Fotograaf	Fotograf
Illustrator	Illustratør
Ingenieur	Ingeniør
Journalist	Journalist
Leraar	Lærer
Linguïst	Lingvist
Onderzoeker	Forsker
Piloot	Pilot
Schilder	Maler
Tandarts	Tannlege
Tuinman	Gartner
Uitvinder	Oppfinner

Bijen
Bier

Bestuiver	Pollinator
Bijenkorf	Bikube
Bloemen	Blomster
Bloesem	Blomstre
Diversiteit	Mangfold
Ecosysteem	Økosystem
Fruit	Frukt
Habitat	Habitat
Honing	Honning
Insect	Insekt
Koningin	Dronning
Rook	Røyk
Stuifmeel	Pollen
Tuin	Hage
Vleugels	Vinger
Voedsel	Mat
Voordelig	Gunstig
Was	Voks
Zon	Sol
Zwerm	Sverm

Bijvoeglijke Naamwoorden
Adjektiver #1

Aantrekkelijk	Attraktiv
Actief	Aktiv
Ambitieus	Ambisiøs
Aromatisch	Aromatisk
Artistiek	Kunstnerisk
Belangrijk	Viktig
Diep	Dyp
Donker	Mørk
Dun	Tynn
Eerlijk	Ærlig
Exotisch	Eksotisk
Identiek	Identisk
Jong	Ung
Lang	Lang
Langzaam	Langsom
Modern	Moderne
Onschuldig	Uskyldig
Perfect	Perfekt
Waardevol	Verdifull
Zwaar	Tung

Bijvoeglijke Naamwoorden
Adjektiver #2

Authentiek	Autentisk
Begaafd	Begavet
Beschrijvend	Beskrivende
Creatief	Kreativ
Dramatisch	Dramatisk
Gezond	Sunn
Hongerig	Sulten
Interessant	Interessant
Moe	Trøtt
Natuurlijk	Naturlig
Nieuw	Ny
Normaal	Normal
Productief	Produktiv
Slaperig	Søvnig
Sterk	Sterk
Trots	Stolt
Verantwoordelijk	Ansvarlig
Wild	Vill
Zout	Salt
Zuiver	Ren

Biologie
Biologi

Ademhaling	Åndedrett
Anatomie	Anatomi
Cel	Celle
Chromosoom	Kromosom
Collageen	Kollagen
Eiwit	Protein
Embryo	Embryo
Enzym	Enzym
Evolutie	Evolusjon
Fotosynthese	Fotosyntese
Hormoon	Hormon
Mutatie	Mutasjon
Natuurlijk	Naturlig
Neuron	Nevron
Osmose	Osmose
Reptiel	Reptil
Symbiose	Symbiose
Synaps	Synapse
Zenuw	Nerve
Zoogdier	Pattedyr

Bloemen
Blomster

Bloemblad	Kronblad
Boeket	Bukett
Gardenia	Gardenia
Hibiscus	Hibiskus
Jasmijn	Sjasmin
Klaver	Kløver
Lavendel	Lavendel
Lelie	Lilje
Madeliefje	Tusenfryd
Magnolia	Magnolia
Narcis	Påskelilje
Orchidee	Orkidé
Paardebloem	Løvetann
Papaver	Valmue
Passiebloem	Pasjonsblomst
Pioenroos	Peon
Plumeria	Plumeria
Roos	Rose
Tulp	Tulipan
Zonnebloem	Solsikke

Boeken
Reserve

Auteur	Forfatter
Avontuur	Eventyr
Bladzijde	Side
Collectie	Samling
Context	Kontekst
Dualiteit	Dualitet
Episch	Episk
Gedicht	Dikt
Geschreven	Skrevet
Historisch	Historisk
Humoristisch	Humoristisk
Inventief	Oppfinnsom
Lezer	Leser
Literair	Litterær
Poëzie	Poesi
Relevant	Aktuell
Roman	Roman
Tragisch	Tragisk
Verhaal	Historie
Verteller	Forteller

Boerderij #1
Gården #1

Bij	Bie
Ezel	Esel
Geit	Geit
Hek	Gjerde
Hond	Hund
Honing	Honning
Hooi	Høy
Kalf	Kalv
Kat	Katt
Kip	Kylling
Koe	Ku
Kraai	Kråke
Kudde	Flokk
Landbouw	Landbruk
Mest	Gjødsel
Paard	Hest
Rijst	Ris
Veld	Felt
Water	Vann
Zaden	Frø

Boerderij #2
Gården #2

Bijenkorf	Bikube
Boer	Bonde
Boomgaard	Frukthage
Dieren	Dyr
Eend	And
Fruit	Frukt
Gerst	Bygg
Groente	Grønnsak
Herder	Hyrde
Irrigatie	Vanning
Lam	Lam
Lama	Lama
Maïs	Korn
Melk	Melk
Schaap	Sau
Schuur	Låve
Tarwe	Hvete
Tractor	Traktor
Weide	Eng
Windmolen	Vindmølle

Boksen
Boksekamp

Elleboog	Albue
Focus	Fokus
Handschoenen	Hansker
Hoek	Hjørne
Kin	Hake
Klok	Klokke
Kracht	Styrke
Lichaam	Kropp
Punten	Poeng
Scheidsrechter	Dommer
Schoppen	Sparke
Snel	Rask
Tegenstander	Motstander
Touwen	Tau
Uitgeput	Utslitt
Vaardigheid	Ferdighet
Vechter	Jagerfly
Verwondingen	Skader
Vuist	Neve

Boten
Båter

Anker	Anker
Bemanning	Mannskap
Boei	Bøye
Golven	Bølger
Jacht	Yacht
Kajak	Kajakk
Kano	Kano
Maritiem	Maritim
Mast	Mast
Matroos	Sjømann
Meer	Innsjø
Motor	Motor
Nautisch	Nautisk
Reddingsboot	Livbåt
Rivier	Elv
Touw	Tau
Veerboot	Ferje
Vlot	Flåte
Zee	Hav
Zeilboot	Seilbåt

Camping
Camping

Avontuur	Eventyr
Berg	Fjell
Bomen	Trær
Bos	Skog
Brand	Brann
Cabine	Hytte
Dieren	Dyr
Hangmat	Hengekøye
Hoed	Hatt
Insect	Insekt
Jacht	Jakt
Kaart	Kart
Kano	Kano
Kompas	Kompass
Maan	Måne
Meer	Innsjø
Natuur	Natur
Tent	Telt
Touw	Tau
Verhalen	Historier

Chemie
Kjemi

Alkalisch	Alkalisk
Chloor	Klor
Elektron	Elektron
Enzym	Enzym
Gas	Gass
Gewicht	Vekt
Ion	Ion
Katalysator	Katalysator
Koolstof	Karbon
Metalen	Metaller
Molecuul	Molekyl
Organisch	Organisk
Reactie	Reaksjon
Temperatuur	Temperatur
Vloeistof	Væske
Warmte	Varme
Waterstof	Hydrogen
Zout	Salt
Zuur	Syre
Zuurstof	Oksygen

Creativiteit
Kreativitet

Artistiek	Kunstnerisk
Beeld	Bilde
Dramatisch	Dramatisk
Echtheid	Autentisitet
Emoties	Følelser
Gevoel	Følelse
Helderheid	Klarhet
Ideeën	Ideer
Indruk	Inntrykk
Inspiratie	Inspirasjon
Intensiteit	Intensitet
Intuïtie	Intuisjon
Inventief	Oppfinnsom
Spontaan	Spontan
Uitdrukking	Uttrykk
Vaardigheid	Ferdighet
Verbeelding	Fantasi
Visioenen	Visjoner
Vitaliteit	Vitalitet
Vloeibaarheid	Flyt

Dagen en Maanden
Dager og Måneder

Augustus	August
Dinsdag	Tirsdag
Donderdag	Torsdag
Februari	Februar
Jaar	År
Januari	Januar
Juli	Juli
Juni	Juni
Kalender	Kalender
Maand	Måned
Maandag	Mandag
Maart	Mars
November	November
Oktober	Oktober
September	September
Vrijdag	Fredag
Week	Uke
Woensdag	Onsdag
Zaterdag	Lørdag
Zondag	Søndag

Dans
Danse

Academie	Akademi
Beweging	Bevegelse
Blij	Gledelig
Choreografie	Koreografi
Cultureel	Kulturell
Cultuur	Kultur
Emotie	Følelse
Expressief	Uttrykksfull
Genade	Nåde
Houding	Holdning
Klassiek	Klassisk
Kunst	Kunst
Lichaam	Kropp
Muziek	Musikk
Partner	Samboer
Repetitie	Øving
Ritme	Rytme
Springen	Hoppe
Traditioneel	Tradisjonell
Visueel	Visuell

De Media
Mediene

Advertenties	Annonser
Commercieel	Kommersiell
Communicatie	Kommunikasjon
Digitaal	Digitalt
Editie	Utgave
Feiten	Fakta
Financiering	Finansiering
Individueel	Individ
Industrie	Industri
Intellectueel	Intellektuell
Kranten	Aviser
Lokaal	Lokal
Mening	Mening
Netwerk	Nettverk
Onderwijs	Utdanning
Online	Online
Publiek	Offentlig
Radio	Radio
Televisie	Tv
Tijdschriften	Magasiner

Diplomatie
Diplomati

Adviseur	Rådgiver
Ambassade	Ambassade
Ambassadeur	Ambassadør
Burgers	Borgere
Conflict	Konflikt
Diplomatiek	Diplomatisk
Discussie	Diskusjon
Ethiek	Etikk
Gemeenschap	Samfunnet
Gerechtigheid	Rettferdighet
Humanitair	Humanitær
Integriteit	Integritet
Oplossing	Løsning
Politiek	Politikk
Regering	Regjering
Resolutie	Vedtak
Samenwerking	Samarbeid
Talen	Språk
Veiligheid	Sikkerhet
Verdrag	Traktat

Ecologie
Økologi

Bergen	Fjell
Diversiteit	Mangfold
Droogte	Tørke
Duurzaam	Bærekraftig
Fauna	Fauna
Flora	Flora
Gemeenschappen	Samfunn
Globaal	Global
Habitat	Habitat
Klimaat	Klima
Marinier	Marine
Moeras	Myr
Natuur	Natur
Natuurlijk	Naturlig
Overleving	Overlevelse
Planten	Planter
Soort	Art
Vegetatie	Vegetasjon
Vrijwilligers	Frivillige

Elektriciteit
Elektrisitet

Accu	Batteri
Apparatuur	Utstyr
Draden	Ledninger
Elektricien	Elektriker
Elektrisch	Elektrisk
Generator	Generator
Hoeveelheid	Mengde
Kabel	Kabel
Lamp	Lampe
Laser	Laser
Magneet	Magnet
Negatief	Negativ
Netwerk	Nettverk
Objecten	Objekter
Opslag	Lagring
Positief	Positiv
Stopcontact	Stikkontakt
Telefoon	Telefon
Televisie	Tv

Emoties
Følelser

Angst	Frykt
Beschaamd	Flau
Dankbaar	Takknemlig
Droefheid	Tristhet
Gelukzaligheid	Lykksalighet
Inhoud	Innhold
Kalm	Rolig
Liefde	Kjærlighet
Ontspannen	Avslappet
Opluchting	Lettelse
Rust	Ro
Sympathie	Sympati
Tederheid	Ømhet
Tevreden	Fornøyd
Verrassing	Overraskelse
Verveling	Kjedsomhet
Vrede	Fred
Vreugde	Glede
Vriendelijkheid	Vennlighet
Woede	Sinne

Energie
Energi

Accu	Batteri
Benzine	Bensin
Brandstof	Brensel
Diesel	Diesel
Elektrisch	Elektrisk
Elektron	Elektron
Entropie	Entropi
Foton	Foton
Hernieuwbaar	Fornybar
Industrie	Industri
Koolstof	Karbon
Motor	Motor
Nucleair	Nukleær
Omgeving	Miljø
Stoom	Damp
Turbine	Turbin
Vervuiling	Forurensing
Warmte	Varme
Waterstof	Hydrogen
Wind	Vind

Engineering
Teknisk

As	Akser
Berekening	Beregning
Beweging	Bevegelse
Bouw	Konstruksjon
Diagram	Diagram
Diameter	Diameter
Diepte	Dybde
Diesel	Diesel
Energie	Energi
Hoek	Vinkel
Kracht	Styrke
Machine	Maskin
Meting	Mål
Motor	Motor
Rotatie	Rotasjon
Stabiliteit	Stabilitet
Structuur	Struktur
Vloeistof	Væske
Voortstuwing	Fremdrift
Wrijving	Friksjon

Eten #1
Mat #1

Aardbei	Jordbær
Abrikoos	Aprikos
Basilicum	Basilikum
Citroen	Sitron
Gerst	Bygg
Kaneel	Kanel
Knoflook	Hvitløk
Melk	Melk
Peer	Pære
Pinda	Peanøtt
Salade	Salat
Sap	Juice
Soep	Suppe
Spinazie	Spinat
Suiker	Sukker
Tonijn	Tunfisk
Ui	Løk
Vlees	Kjøtt
Wortel	Gulrot
Zout	Salt

Eten #2
Mat #2

Amandel	Mandel
Ananas	Ananas
Appel	Eple
Asperge	Asparges
Aubergine	Aubergine
Banaan	Banan
Broccoli	Brokkoli
Brood	Brød
Druif	Drue
Ei	Egg
Ham	Skinke
Kaas	Ost
Kip	Kylling
Kiwi	Kiwi
Perzik	Fersken
Rijst	Ris
Tarwe	Hvete
Tomaat	Tomat
Vis	Fisk
Yoghurt	Yoghurt

Fruit
Frukt

Abrikoos	Aprikos
Ananas	Ananas
Appel	Eple
Avocado	Avokado
Banaan	Banan
Bes	Bær
Citroen	Sitron
Druif	Drue
Framboos	Bringebær
Kers	Kirsebær
Kiwi	Kiwi
Kokosnoot	Kokosnøtt
Mango	Mango
Meloen	Melon
Nectarine	Nektarin
Oranje	Oransje
Papaja	Papaya
Peer	Pære
Perzik	Fersken
Pruim	Plomme

Gebouwen
Bygningsmasse

Ambassade	Ambassade
Appartement	Leilighet
Bioscoop	Kino
Boerderij	Gård
Cabine	Hytte
Fabriek	Fabrikk
Hotel	Hotell
Kasteel	Slott
Laboratorium	Laboratorium
Museum	Museum
Observatorium	Observatorium
School	Skole
Schuur	Låve
Stadion	Stadion
Supermarkt	Supermarked
Tent	Telt
Theater	Teater
Toren	Tårn
Universiteit	Universitet
Ziekenhuis	Sykehus

Geografie
Geografi

Atlas	Atlas
Berg	Fjell
Breedtegraad	Breddegrad
Continent	Kontinent
Eiland	Øy
Evenaar	Ekvator
Halfrond	Halvkule
Hoogte	Høyde
Kaart	Kart
Land	Land
Lengtegraad	Lengdegrad
Meridiaan	Meridian
Noorden	Nord
Regio	Region
Rivier	Elv
Stad	By
Wereld	Verden
Westen	Vest
Zee	Hav
Zuiden	Sør

Geologie
Geologi

Aardbeving	Jordskjelv
Calcium	Kalsium
Continent	Kontinent
Erosie	Erosjon
Fossiel	Fossilt
Geiser	Geysir
Gesmolten	Smeltet
Grot	Hule
Koraal	Korall
Kristallen	Crystal
Kwarts	Kvarts
Laag	Lag
Lava	Lava
Plateau	Platå
Stalactiet	Stalaktitt
Steen	Stein
Vulkaan	Vulkan
Zone	Sone
Zout	Salt
Zuur	Syre

Geometrie
Geometri

Berekening	Beregning
Cirkel	Sirkel
Curve	Kurve
Diameter	Diameter
Dimensie	Dimensjon
Driehoek	Trekant
Hoek	Vinkel
Hoogte	Høyde
Horizontaal	Horisontal
Logica	Logikk
Massa	Masse
Mediaan	Median
Oppervlak	Flate
Parallel	Parallell
Segment	Segmentet
Symmetrie	Symmetri
Theorie	Teori
Vergelijking	Ligning
Verticaal	Vertikal
Vierkant	Torget

Getallen
Antall

Acht	Åtte
Achttien	Atten
Dertien	Tretten
Drie	Tre
Een	En
Negen	Ni
Negentien	Nitten
Nul	Null
Tien	Ti
Twaalf	Tolv
Twee	To
Twintig	Tjue
Veertien	Fjorten
Vier	Fire
Vijf	Fem
Vijftien	Femten
Zes	Seks
Zestien	Seksten
Zeven	Syv
Zeventien	Sytten

Gezondheid en Welzijn #1
Helse og Velvære #1

Actief	Aktiv
Apotheek	Apotek
Bacteriën	Bakterie
Behandeling	Behandling
Breuk	Brudd
Dokter	Lege
Gewoonte	Vane
Honger	Sult
Hoogte	Høyde
Hormonen	Hormoner
Huid	Hud
Kliniek	Klinikk
Letsel	Skade
Medicijn	Medisin
Ontspanning	Avslapning
Reflex	Refleks
Spieren	Muskler
Therapie	Terapi
Virus	Virus
Zenuwen	Nerver

Gezondheid en Welzijn #2
Helse og Velvære #2

Allergie	Allergi
Anatomie	Anatomi
Bloed	Blod
Calorie	Kalori
Dieet	Diett
Energie	Energi
Genetica	Genetikk
Gewicht	Vekt
Gezond	Sunn
Hygiëne	Hygiene
Infectie	Infeksjon
Kracht	Styrke
Lichaam	Kropp
Massage	Massasje
Spijsvertering	Fordøyelse
Stress	Stress
Vitamine	Vitamin
Voeding	Ernæring
Ziekenhuis	Sykehus
Ziekte	Sykdom

Groenten
Grønnsaker

Artisjok	Artisjokk
Aubergine	Aubergine
Broccoli	Brokkoli
Erwt	Ert
Gember	Ingefær
Knoflook	Hvitløk
Komkommer	Agurk
Olijf	Oliven
Paddestoel	Sopp
Peterselie	Persille
Pompoen	Gresskar
Raap	Nepe
Radijs	Reddik
Salade	Salat
Selderij	Selleri
Sjalot	Sjalottløk
Spinazie	Spinat
Tomaat	Tomat
Ui	Løk
Wortel	Gulrot

Haartypes
Hårtyper

Blond	Blond
Bruin	Brun
Dik	Tykk
Droog	Tørr
Dun	Tynn
Gekleurd	Farget
Gevlochten	Flettet
Gezond	Sunn
Golvend	Bølgete
Grijs	Grå
Hoofdhuid	Hodebunn
Kaal	Skallet
Kort	Kort
Krullen	Krøller
Krullend	Krøllet
Lang	Lang
Wit	Hvit
Zacht	Myk
Zilver	Sølv
Zwart	Svart

Herbalisme
Urtemedisin

Aromatisch	Aromatisk
Basilicum	Basilikum
Bloem	Blomst
Culinair	Kulinarisk
Dille	Dill
Dragon	Estragon
Groen	Grønn
Ingrediënt	Ingrediens
Knoflook	Hvitløk
Kwaliteit	Kvalitet
Lavendel	Lavendel
Marjolein	Marjoram
Oregano	Oregano
Peterselie	Persille
Rozemarijn	Rosmarin
Saffraan	Safran
Smaak	Smak
Tijm	Timian
Tuin	Hage
Venkel	Fennikel

Het Bedrijf
Selskapet

Beslissing	Beslutning
Creatief	Kreativ
Eenheden	Enheter
Globaal	Global
Industrie	Industri
Inkomsten	Inntekter
Innovatief	Innovativ
Investering	Investering
Kwaliteit	Kvalitet
Loon	Lønn
Mogelijkheid	Mulighet
Presentatie	Presentasjon
Product	Produkt
Professioneel	Profesjonell
Reputatie	Rykte
Risico'S	Risiko
Trends	Trender
Vooruitgang	Framgang
Werkgelegenheid	Sysselsetting
Zaak	Virksomhet

Huis
Hus

Bezem	Kost
Bibliotheek	Bibliotek
Dak	Tak
Deur	Dør
Douche	Dusj
Garage	Garasje
Haard	Peis
Hek	Gjerde
Kamer	Rom
Kelder	Kjeller
Keuken	Kjøkken
Lamp	Lampe
Meubilair	Møbler
Muur	Vegg
Schoorsteen	Skorstein
Slaapkamer	Soverom
Spiegel	Speil
Tapijt	Teppe
Tuin	Hage
Zolder	Loft

Installaties
Planter

Bamboe	Bambus
Bes	Bær
Blad	Blad
Bloem	Blomst
Boom	Tre
Boon	Bønne
Bos	Skog
Cactus	Kaktus
Flora	Flora
Gebladerte	Løvverk
Gras	Gress
Klimop	Eføy
Kruid	Urt
Mest	Gjødsel
Mos	Mose
Plantkunde	Botanikk
Struik	Busk
Tuin	Hage
Vegetatie	Vegetasjon
Wortel	Rot

Jazz
Jazz

Album	Album
Applaus	Applaus
Artiest	Kunstner
Beroemd	Berømt
Componist	Komponist
Concert	Konsert
Favorieten	Favoritter
Genre	Sjanger
Improvisatie	Improvisasjon
Lied	Sang
Muziek	Musikk
Nadruk	Vekt
Nieuw	Ny
Orkest	Orkester
Oud	Gammel
Ritme	Rytme
Samenstelling	Sammensetning
Stijl	Stil
Talent	Talent
Techniek	Teknikk

Keuken
Kjøkken

Cup	Kopper
Eetstokjes	Spisepinner
Grill	Grille
Ketel	Kjele
Koelkast	Kjøleskap
Kom	Bolle
Kruik	Mugge
Lepels	Skjeer
Messen	Kniver
Oven	Ovn
Pollepel	Øse
Pot	Krukke
Recept	Oppskrift
Schort	Forkle
Servet	Serviett
Specerijen	Krydder
Spons	Svamp
Voedsel	Mat
Vorken	Gafler
Vriezer	Fryser

Kleding
Klær

Armband	Armbånd
Blouse	Bluse
Broek	Bukse
Handschoenen	Hansker
Hoed	Hatt
Jas	Frakk
Jasje	Jakke
Jurk	Kjole
Ketting	Halskjede
Mode	Mote
Pyjama	Pyjamas
Riem	Belte
Rok	Skjørt
Sandalen	Sandaler
Schoen	Sko
Schort	Forkle
Shirt	Skjorte
Sjaal	Skjerf
Sokken	Sokker
Trui	Genser

Kracht en Zwaartekracht
Kraft og Gravitasjon

Afstand	Avstand
As	Akser
Baan	Bane
Beweging	Bevegelse
Centrum	Sentrum
Druk	Press
Dynamisch	Dynamisk
Eigendommen	Egenskaper
Gewicht	Vekt
Impact	Innvirkning
Magnetisme	Magnetisme
Mechanica	Mekanikk
Natuurkunde	Fysikk
Ontdekking	Oppdagelse
Planeten	Planeter
Snelheid	Hastighet
Tijd	Tid
Uitbreiding	Utvidelse
Universeel	Universell
Wrijving	Friksjon

Kunst
Kunst

Beeldhouwwerk	Skulptur
Complex	Kompleks
Creëren	Skape
Eenvoudig	Enkel
Eerlijk	Ærlig
Figuur	Figur
Geïnspireerd	Inspirert
Humeur	Humør
Keramisch	Keramisk
Onderwerp	Emne
Origineel	Original
Persoonlijk	Personlig
Poëzie	Poesi
Portretteren	Skildre
Samenstelling	Sammensetning
Schilderijen	Malerier
Surrealisme	Surrealisme
Symbool	Symbol
Uitdrukking	Uttrykk
Visueel	Visuell

Kunstbenodigdheden
Kunst Forsyninger

Acryl	Akryl
Aquarellen	Akvareller
Borstels	Børster
Camera	Kamera
Creativiteit	Kreativitet
Ezel	Staffeli
Gom	Viskelær
Houtskool	Kull
Ideeën	Ideer
Inkt	Blekk
Klei	Leire
Kleuren	Farger
Lijm	Lim
Olie	Olje
Papier	Papir
Potloden	Blyanter
Stoel	Stol
Tafel	Bord
Verf	Maling
Water	Vann

Landen #1
Land #1

België	Belgia
Brazilië	Brasil
Cambodja	Kambodsja
Canada	Canada
Chili	Chile
Duitsland	Tyskland
Egypte	Egypt
Irak	Irak
Israël	Israel
Italië	Italia
Letland	Latvia
Libië	Libya
Marokko	Marokko
Nicaragua	Nicaragua
Noorwegen	Norge
Panama	Panama
Polen	Polen
Roemenië	Romania
Senegal	Senegal
Spanje	Spania

Landen #2
Land #2

Denemarken	Danmark
Ethiopië	Etiopia
Frankrijk	Frankrike
Griekenland	Hellas
Ierland	Irland
Indonesië	Indonesia
Japan	Japan
Kenia	Kenya
Laos	Laos
Libanon	Libanon
Liberia	Liberia
Maleisië	Malaysia
Mexico	Mexico
Nepal	Nepal
Nigeria	Nigeria
Oeganda	Uganda
Oekraïne	Ukraina
Rusland	Russland
Somalië	Somalia
Syrië	Syria

Landschappen
Landskap

Berg	Fjell
Eiland	Øy
Geiser	Geysir
Gletsjer	Isbre
Golf	Gulf
Grot	Hule
Heuvel	Ås
Ijsberg	Isfjell
Meer	Innsjø
Moeras	Sump
Oase	Oase
Rivier	Elv
Schiereiland	Halvøy
Strand	Strand
Toendra	Tundra
Vallei	Dal
Vulkaan	Vulkan
Waterval	Foss
Woestijn	Ørken
Zee	Hav

Literatuur
Litteratur

Analogie	Analogi
Analyse	Analyse
Anekdote	Anekdote
Auteur	Forfatter
Biografie	Biografi
Conclusie	Konklusjon
Dialoog	Dialog
Gedicht	Dikt
Mening	Mening
Metafoor	Metafor
Omschrijving	Beskrivelse
Poëtisch	Poetisk
Rijm	Rim
Ritme	Rytme
Roman	Roman
Stijl	Stil
Thema	Tema
Tragedie	Tragedie
Vergelijking	Sammenligning
Verteller	Forteller

Meditatie
Meditasjon

Aandacht	Oppmerksomhet
Aanvaarding	Aksept
Ademhaling	Puste
Beweging	Bevegelse
Dankbaarheid	Takknemlighet
Emoties	Følelser
Gedachten	Tanker
Geluk	Lykke
Helderheid	Klarhet
Houding	Holdning
Mededogen	Medfølelse
Mentaal	Mental
Muziek	Musikk
Natuur	Natur
Observatie	Observasjon
Perspectief	Perspektiv
Stilte	Stillhet
Vrede	Fred
Vriendelijkheid	Vennlighet
Wakker	Våken

Meer Informatie
Science Fiction

Bioscoop	Kino
Boeken	Bøker
Brand	Brann
Denkbeeldig	Innbilt
Dystopie	Dystopi
Explosie	Eksplosjon
Extreem	Ekstrem
Fantastisch	Fantastisk
Futuristisch	Futuristisk
Illusie	Illusjon
Mysterieus	Mystisk
Orakel	Orakel
Planeet	Planet
Realistisch	Realistisk
Robots	Roboter
Scenario	Scenario
Sterrenstelsel	Galaxy
Technologie	Teknologi
Utopie	Utopi
Wereld	Verden

Menselijk Lichaam
Menneskekroppen

Been	Bein
Bloed	Blod
Elleboog	Albue
Enkel	Ankel
Hand	Hånd
Hart	Hjerte
Hersenen	Hjerne
Hoofd	Hode
Huid	Hud
Kaak	Kjeve
Kin	Hake
Knie	Kne
Maag	Mage
Mond	Munn
Nek	Hals
Neus	Nese
Oor	Øre
Schouder	Skulder
Tong	Tunge
Vinger	Finger

Metingen
Målinger

Breedte	Bredde
Byte	Byte
Centimeter	Centimeter
Decimaal	Desimal
Diepte	Dybde
Gewicht	Vekt
Gram	Gram
Hoogte	Høyde
Inch	Tomme
Kilogram	Kilo
Kilometer	Kilometer
Lengte	Lengde
Liter	Liter
Massa	Masse
Meter	Meter
Minuut	Minutt
Ons	Unse
Pint	Halvliter
Ton	Tonn
Volume	Volum

Mode
Mote

Bescheiden	Beskjeden
Betaalbaar	Rimelig
Borduurwerk	Broderi
Comfortabel	Komfortabel
Duur	Dyrt
Eenvoudig	Enkel
Elegant	Elegant
Kant	Blonder
Kleding	Klær
Knop	Knapper
Minimalistisch	Minimalistisk
Modern	Moderne
Origineel	Original
Patroon	Mønster
Praktisch	Praktisk
Stijl	Stil
Stof	Stoff
Textuur	Tekstur
Trend	Trend
Winkel	Boutique

Muziek
Musikk

Album	Album
Ballade	Ballade
Harmonie	Harmoni
Improviseren	Improvisere
Instrument	Instrument
Klassiek	Klassisk
Koor	Kor
Lyrisch	Lyrisk
Melodie	Melodi
Microfoon	Mikrofon
Muzikaal	Musikalsk
Muzikant	Musiker
Opera	Opera
Opname	Innspilling
Poëtisch	Poetisk
Ritme	Rytme
Ritmisch	Rytmisk
Tempo	Tempo
Zanger	Sanger
Zingen	Synge

Muziekinstrumenten
Musikkinstrumenter

Banjo	Banjo
Cello	Cello
Fagot	Fagott
Fluit	Fløyte
Gitaar	Gitar
Gong	Gong
Harp	Harpe
Hobo	Obo
Klarinet	Klarinett
Mandoline	Mandolin
Marimba	Marimba
Mondharmonica	Munnspill
Percussie	Perkusjon
Piano	Piano
Saxofoon	Saksofon
Tamboerijn	Tamburin
Trombone	Trombone
Trommel	Tromme
Trompet	Trompet
Viool	Fiolin

Mythologie
Mytologi

Archetype	Arketype
Bliksem	Lyn
Creatie	Skapelse
Cultuur	Kultur
Donder	Torden
Doolhof	Labyrint
Gedrag	Oppførsel
Held	Helt
Heldin	Heltinne
Hemel	Himmel
Jaloezie	Sjalusi
Kracht	Styrke
Krijger	Kriger
Legende	Legende
Monster	Monster
Onsterfelijkheid	Udødelighet
Ramp	Katastrofe
Sterfelijk	Dødelig
Wezen	Skapning
Wraak	Hevn

Natuur
Naturen

Arctisch	Arktisk
Bijen	Bier
Bos	Skog
Dieren	Dyr
Dynamisch	Dynamisk
Erosie	Erosjon
Gebladerte	Løvverk
Gletsjer	Isbre
Heiligdom	Helligdom
Klippen	Klipper
Mist	Tåke
Rivier	Elv
Schoonheid	Skjønnhet
Schuilplaats	Ly
Sereen	Rolig
Tropisch	Tropisk
Vitaal	Viktig
Wild	Vill
Woestijn	Ørken
Wolken	Skyer

Natuurkunde
Fysikk

Atoom	Atom
Chaos	Kaos
Chemisch	Kjemisk
Deeltje	Partikkel
Dichtheid	Tetthet
Elektron	Elektron
Experiment	Eksperiment
Formule	Formel
Frequentie	Frekvens
Gas	Gass
Magnetisme	Magnetisme
Massa	Masse
Mechanica	Mekanikk
Molecuul	Molekyl
Motor	Motor
Snelheid	Hastighet
Uitbreiding	Utvidelse
Universeel	Universell
Versnelling	Akselerasjon
Zwaartekracht	Tyngdekraft

Oceaan
Havet

Aal	Ål
Algen	Alger
Boot	Båt
Dolfijn	Delfin
Garnaal	Reke
Getijden	Tidevann
Haai	Hai
Koraal	Korall
Krab	Krabbe
Kwal	Manet
Octopus	Blekksprut
Oester	Østers
Rif	Rev
Schildpad	Skilpadde
Spons	Svamp
Storm	Storm
Tonijn	Tunfisk
Vis	Fisk
Walvis	Hval
Zout	Salt

Opwarming van de Aarde
Global Oppvarming

Aandacht	Oppmerksomhet
Arctisch	Arktisk
Crisis	Krise
Energie	Energi
Gas	Gass
Gegevens	Data
Generaties	Generasjoner
Gevolgen	Konsekvenser
Industrie	Industri
Internationaal	Internasjonal
Klimaat	Klima
Milieu	Miljø
Nu	Nå
Ontwikkeling	Utvikling
Regering	Regjering
Temperaturen	Temperaturer
Toekomst	Fremtid
Veranderingen	Endringer
Wetenschapper	Forsker
Wetgeving	Lovgivning

Overheid
Myndighetene

Civiel	Sivil
Democratie	Demokrati
Discussie	Diskusjon
Gelijkheid	Likestilling
Gerechtelijk	Rettslig
Gerechtigheid	Rettferdighet
Grondwet	Grunnlov
Leider	Leder
Monument	Monument
Natie	Nasjon
Nationaal	Nasjonal
Politiek	Politikk
Rechten	Rettigheter
Rustig	Fredelig
Staat	Stat
Symbool	Symbol
Toespraak	Tale
Vrijheid	Frihet
Wet	Lov
Wijk	Distrikt

Psychologie
Psykologi

Afspraak	Avtale
Beoordeling	Vurdering
Bewusteloos	Bevisstløs
Cognitie	Kognisjon
Conflict	Konflikt
Dromen	Drømmer
Ego	Ego
Emoties	Følelser
Ervaringen	Erfaringer
Gedachten	Tanker
Gedrag	Oppførsel
Gevoel	Følelse
Invloed	Påvirkninger
Jeugd	Barndom
Klinisch	Klinisk
Perceptie	Oppfatning
Persoonlijkheid	Personlighet
Probleem	Problem
Realiteit	Virkelighet
Therapie	Terapi

Regenwoud
Regnskogen

Amfibieën	Amfibier
Behoud	Bevaring
Botanisch	Botanisk
Diversiteit	Mangfold
Gemeenschap	Samfunnet
Inheems	Urfolk
Insecten	Insekter
Jungle	Jungel
Klimaat	Klima
Mos	Mose
Natuur	Natur
Overleving	Overlevelse
Respect	Respekt
Restauratie	Restaurering
Soort	Art
Toevlucht	Tilflukt
Vogels	Fugler
Waardevol	Verdifull
Wolken	Skyer
Zoogdieren	Pattedyr

Restaurant #2
Restaurant # 2

Cake	Kake
Diner	Middag
Drank	Drikk
Eieren	Egg
Fruit	Frukt
Groente	Grønnsaker
Heerlijk	Deilig
Ijs	Is
Lepel	Skje
Lunch	Lunsj
Noedels	Nudler
Ober	Kelner
Salade	Salat
Soep	Suppe
Specerijen	Krydder
Stoel	Stol
Vis	Fisk
Vork	Gaffel
Water	Vann
Zout	Salt

Rijden
Kjøring

Auto	Bil
Brandstof	Brensel
Garage	Garasje
Gas	Gass
Gevaar	Fare
Kaart	Kart
Licentie	Lisens
Motor	Motor
Motorfiets	Motorsykkel
Ongeluk	Ulykke
Politie	Politi
Remmen	Bremser
Snelheid	Hastighet
Straat	Gate
Tunnel	Tunnel
Veiligheid	Sikkerhet
Verkeer	Trafikk
Voetganger	Fotgjenger
Vrachtauto	Lastebil
Weg	Vei

Schoonheid
Skjønnhet

Charme	Sjarm
Cosmetica	Kosmetikk
Diensten	Tjenester
Elegant	Elegant
Elegantie	Eleganse
Fotogeniek	Fotogen
Genade	Nåde
Geur	Duft
Glad	Glatt
Huid	Hud
Kleur	Farge
Krullen	Krøller
Lippenstift	Leppestift
Mascara	Mascara
Producten	Produkter
Schaar	Saks
Shampoo	Sjampo
Spiegel	Speil
Stilist	Stylist
Verzinnen	Sminke

Specerijen
Krydder

Anijs	Anis
Bitter	Bitter
Gember	Ingefær
Kaneel	Kanel
Kardemom	Kardemomme
Kerrie	Karri
Knoflook	Hvitløk
Komijn	Spisskummen
Koriander	Koriander
Kruidnagel	Fedd
Nootmuskaat	Muskat
Paprika	Paprika
Peper	Pepper
Saffraan	Safran
Smaak	Smak
Ui	Løk
Vanille	Vanilje
Venkel	Fennikel
Zoet	Søt
Zout	Salt

Stad
Byen

Apotheek	Apotek
Bakkerij	Bakeri
Bank	Bank
Bibliotheek	Bibliotek
Bioscoop	Kino
Boekhandel	Bokhandel
Dierentuin	Dyrehage
Galerij	Galleri
Hotel	Hotell
Kliniek	Klinikk
Luchthaven	Flyplassen
Markt	Marked
Museum	Museum
Restaurant	Restaurant
School	Skole
Stadion	Stadion
Supermarkt	Supermarked
Theater	Teater
Universiteit	Universitet
Winkel	Butikk

Tijd
Tid

Dag	Dag
Decennium	Tiår
Eeuw	Århundre
Gisteren	I Går
Jaar	År
Jaarlijks	Årlig
Kalender	Kalender
Klok	Klokke
Maand	Måned
Middag	Middagstid
Minuut	Minutt
Na	Etter
Nacht	Natt
Nu	Nå
Ochtend	Morgen
Toekomst	Fremtid
Uur	Time
Vandaag	I Dag
Vroeg	Tidlig
Week	Uke

Tuin
Hage

Bank	Benk
Bloem	Blomst
Boom	Tre
Boomgaard	Frukthage
Garage	Garasje
Gazon	Plen
Gras	Gress
Hangmat	Hengekøye
Hark	Rake
Hek	Gjerde
Onkruid	Ugress
Schop	Spade
Slang	Slange
Struik	Busk
Terras	Terrasse
Trampoline	Trampoline
Tuin	Hage
Veranda	Veranda
Vijver	Dam
Wijnstok	Vintreet

Tuinieren

Hagearbeid

Blad	Blad
Bloemen	Blomster
Bloesem	Blomstre
Bodem	Jord
Boeket	Bukett
Boomgaard	Frukthage
Botanisch	Botanisk
Compost	Kompost
Container	Beholder
Eetbaar	Spiselig
Exotisch	Eksotisk
Gebladerte	Løvverk
Klimaat	Klima
Seizoensgebonden	Sesongmessig
Slang	Slange
Soort	Art
Vocht	Fuktighet
Vuil	Skitt
Water	Vann
Zaden	Frø

Universum

Universet

Asteroïde	Asteroide
Astronomie	Astronomi
Astronoom	Astronom
Atmosfeer	Atmosfære
Baan	Bane
Breedtegraad	Breddegrad
Dierenriem	Dyrekretsen
Duisternis	Mørke
Evenaar	Ekvator
Halfrond	Halvkule
Hemel	Himmel
Horizon	Horisont
Kantelen	Vippe
Kosmisch	Kosmisk
Lengtegraad	Lengdegrad
Maan	Måne
Sterrenstelsel	Galaxy
Telescoop	Teleskop
Zichtbaar	Synlig
Zonnewende	Solverv

Vakantie #2

Ferie # 2

Bestemming	Destinasjon
Buitenlander	Utlending
Buitenlands	Fremmed
Eiland	Øy
Hotel	Hotell
Kaart	Kart
Kamperen	Camping
Luchthaven	Flyplassen
Paspoort	Pass
Reis	Reise
Reserveringen	Reservasjoner
Restaurant	Restaurant
Strand	Strand
Taxi	Taxi
Tent	Telt
Vakantie	Ferie
Vervoer	Transport
Visum	Visum
Vrije Tijd	Fritid
Zee	Hav

Vliegtuigen

Fly

Afdaling	Avstamning
Atmosfeer	Atmosfære
Avontuur	Eventyr
Ballon	Ballong
Bemanning	Mannskap
Bouw	Konstruksjon
Brandstof	Brensel
Geschiedenis	Historie
Hemel	Himmel
Hoogte	Høyde
Landen	Landing
Lucht	Luft
Motor	Motor
Navigeren	Navigere
Ontwerp	Design
Passagier	Passasjer
Piloot	Pilot
Richting	Retning
Turbulentie	Turbulens
Waterstof	Hydrogen

Voeding

Ernæring

Bitter	Bitter
Calorieën	Kalorier
Dieet	Diett
Eetbaar	Spiselig
Eetlust	Appetitt
Eiwitten	Proteiner
Evenwichtig	Balansert
Fermentatie	Gjæring
Gewicht	Vekt
Gezond	Sunn
Gezondheid	Helse
Koolhydraten	Karbohydrater
Kwaliteit	Kvalitet
Saus	Saus
Smaak	Smak
Spijsvertering	Fordøyelse
Toxine	Gift
Vitamine	Vitamin
Vloeistoffen	Væsker
Voedingsstof	Næringsstoff

Voertuigen

Kjøretøy

Ambulance	Ambulanse
Auto	Bil
Banden	Dekk
Boot	Båt
Bus	Buss
Caravan	Campingvogn
Fiets	Sykkel
Helikopter	Helikopter
Metro	T
Motor	Motor
Onderzeeër	Undervannsbåt
Raket	Rakett
Scooter	Scooter
Taxi	Taxi
Tractor	Traktor
Trein	Tog
Veerboot	Ferje
Vliegtuig	Fly
Vlot	Flåte
Vrachtauto	Lastebil

Vogels
Fugler

Duif	Due
Eend	And
Ei	Egg
Flamingo	Flamingo
Gans	Gås
Kip	Kylling
Koekoek	Gjøk
Kraai	Kråke
Meeuw	Måke
Mus	Spurv
Ooievaar	Stork
Papegaai	Papegøye
Pauw	Påfugl
Pelikaan	Pelikan
Pinguïn	Pingvin
Reiger	Hegre
Struisvogel	Struts
Toekan	Toucan
Uil	Ugle
Zwaan	Svanen

Vormen
Former

Bol	Sfære
Boog	Bue
Cilinder	Sylinder
Cirkel	Sirkel
Curve	Kurve
Driehoek	Trekant
Hoek	Hjørne
Hyperbool	Hyperbola
Kant	Side
Kegel	Kjegle
Kubus	Kube
Lijn	Linje
Ovaal	Oval
Piramide	Pyramide
Prisma	Prisme
Randen	Kanter
Rechthoek	Rektangel
Ronde	Rund
Veelhoek	Polygon
Vierkant	Torget

Wandelen
Vandring

Berg	Fjell
Dieren	Dyr
Gevaren	Farer
Kaart	Kart
Kamperen	Camping
Klif	Klippe
Klimaat	Klima
Laarzen	Støvler
Moe	Trøtt
Muggen	Mygg
Natuur	Natur
Oriëntatie	Orientering
Parken	Parker
Stenen	Steiner
Top	Toppmøte
Voorbereiding	Forberedelse
Water	Vann
Wild	Vill
Zon	Sol
Zwaar	Tung

Weersomstandigheden
Været

Atmosfeer	Atmosfære
Bliksem	Lyn
Donder	Torden
Droogte	Tørke
Hemel	Himmel
Ijs	Is
Klimaat	Klima
Mist	Tåke
Moesson	Monsun
Orkaan	Orkan
Overstroming	Flom
Polair	Polar
Regenboog	Regnbue
Storm	Storm
Temperatuur	Temperatur
Tornado	Tornado
Tropisch	Tropisk
Vochtig	Fuktig
Wind	Vind
Wolk	Sky

Wetenschap
Vitenskap

Atoom	Atom
Chemisch	Kjemisk
Deeltjes	Partikler
Evolutie	Evolusjon
Experiment	Eksperiment
Feit	Faktum
Fossiel	Fossilt
Gegevens	Data
Hypothese	Hypotese
Klimaat	Klima
Laboratorium	Laboratorium
Methode	Metode
Mineralen	Mineraler
Moleculen	Molekyler
Natuur	Natur
Natuurkunde	Fysikk
Observatie	Observasjon
Organisme	Organisme
Wetenschapper	Forsker
Zwaartekracht	Tyngdekraft

Wetenschappelijke Discip
Vitenskapelige Disipliner

Anatomie	Anatomi
Archeologie	Arkeologi
Astronomie	Astronomi
Biochemie	Biokjemi
Biologie	Biologi
Chemie	Kjemi
Ecologie	Økologi
Fysiologie	Fysiologi
Geologie	Geologi
Immunologie	Immunologi
Mechanica	Mekanikk
Meteorologie	Meteorologi
Mineralogie	Mineralogi
Neurologie	Nevrologi
Plantkunde	Botanikk
Psychologie	Psykologi
Robotica	Robotikk
Sociologie	Sosiologi
Thermodynamica	Termodynamikk
Voeding	Ernæring

Wiskunde
Matematikk

Bol	Sfære
Decimaal	Desimal
Diameter	Diameter
Divisie	Divisjon
Driehoek	Trekant
Exponent	Eksponent
Fractie	Brøkdel
Geometrie	Geometri
Hoeken	Vinkler
Omtrek	Omkrets
Parallel	Parallell
Rechthoek	Rektangel
Rekenkundig	Aritmetikk
Som	Sum
Straal	Radius
Symmetrie	Symmetri
Veelhoek	Polygon
Vergelijking	Ligning
Vierkant	Torget
Volume	Volum

Zakelijk
Forretninger

Bedrijf	Selskap
Begroting	Budsjett
Belastingen	Skatter
Carrière	Karriere
Economie	Økonomi
Fabriek	Fabrikk
Financiën	Finans
Geld	Penger
Inkomen	Inntekt
Investering	Investering
Kantoor	Kontor
Korting	Rabatt
Kosten	Koste
Transactie	Transaksjon
Valuta	Valuta
Verkoop	Salg
Werkgever	Arbeidsgiver
Werknemer	Ansatt
Winkel	Butikk
Winst	Profitt

Ziekte
Sykdom

Acuut	Akutt
Ademhaling	Luftveiene
Allergieën	Allergi
Bacterieel	Bakteriell
Besmettelijk	Smittsom
Botten	Bein
Chronisch	Kronisk
Erfelijk	Arvelig
Genetisch	Genetisk
Gezondheid	Helse
Hart	Hjerte
Immuniteit	Immunitet
Lichaam	Kropp
Neuropathie	Nevropati
Ontsteking	Betennelse
Sinus	Sinus
Syndroom	Syndrom
Therapie	Terapi
Ziekteverwekkers	Patogener
Zwak	Svak

Zoogdieren
Pattedyr

Aap	Ape
Bever	Bever
Coyote	Prærieulv
Dolfijn	Delfin
Ezel	Esel
Geit	Geit
Giraf	Sjiraff
Gorilla	Gorilla
Hond	Hund
Kameel	Kamel
Kangoeroe	Kenguru
Kat	Katt
Konijn	Kanin
Leeuw	Løve
Olifant	Elefant
Paard	Hest
Stier	Okse
Vos	Rev
Walvis	Hval
Wolf	Ulv

Gefeliciteerd

Je hebt het gehaald!

We hopen dat u net zoveel plezier beleeft aan dit boek als wij aan het maken ervan. We doen ons best om spellen van hoge kwaliteit te maken.
Deze puzzels zijn op een slimme manier ontworpen zodat je actief kunt leren terwijl je plezier hebt!

Vond je ze mooi?

Een Eenvoudig Verzoek

Onze boeken bestaan dankzij de recensies die zij publiceren.
Kunt u ons helpen door nu een mening achter te laten ?

Hier is een korte link die u naar uw
bestellingen beoordelingspagina.

BestBooksActivity.com/Recensie50

FINAAL UITDAGING!

Uitdaging nr. 1

Klaar voor uw bonusspel? We gebruiken ze de hele tijd, maar ze zijn niet zo gemakkelijk te vinden. Hier zijn **Synoniemen!**

Noteer 5 woorden die je ontdekt hebt in elk van de onderstaande puzzels (nr. 21, nr. 36, nr. 76) en probeer voor elk woord 2 synoniemen te vinden.

Notitie 5 Woorden uit ***Puzzle 21***

Woorden	Synoniem 1	Synoniem 2

Notitie 5 Woorden uit ***Puzzle 36***

Woorden	Synoniem 1	Synoniem 2

Notitie 5 Woorden uit ***Puzzle 76***

Woorden	Synoniem 1	Synoniem 2

Uitdaging nr. 2

Nu je opgewarmd bent, noteer 5 woorden die je ontdekt hebt in elke hieronder genoteerde puzzel (nr. 9, nr. 17, nr. 25) en probeer voor elk woord 2 antoniemen te vinden. Hoeveel regels kan je doen in 20 minuten?

Notitie 5 Woorden uit ***Puzzle 9***

Woorden	Antoniem 1	Antoniem 2

Notitie 5 Woorden uit ***Puzzle 17***

Woorden	Antoniem 1	Antoniem 2

Notitie 5 Woorden uit ***Puzzle 25***

Woorden	Antoniem 1	Antoniem 2

Uitdaging nr. 3

Prachtig, deze finaal uitdaging  is makkelijk voor jou!

Klaar voor de laatste? Kies je 10 favoriete woorden die je in een van de puzzels hebt ontdekt en noteer ze hieronder.

1.	6.
2.	7.
3.	8.
4.	9.
5.	10.

De uitdaging is nu om met deze woorden en binnen een maximum van zes zinnen een tekst te schrijven over een persoon, dier of plaats waar je van houdt!

Tip: U kunt de laatste blanco pagina van dit boek als kladblaadje gebruiken!

Je schrijven:

NOTITIEBOEKJE:

TOT SNEL!

Linguas Classics

www.ingramcontent.com/pod-product-compliance
Lightning Source LLC
Chambersburg PA
CBHW081712120626
46550CB00010B/3104